Gütersloher Taschenbücher / Siebenstern 955

Weitere Taschenbücher von Elisabeth Kübler-Ross in GTB Siebenstern:

GTB 71 *Interviews mit Sterbenden*
14. Auflage. 160 Seiten.

GTB 369 *Was können wir noch tun?*
Antworten auf Fragen nach Sterben und Tod. Aus dem Amerikanischen übertragen von Ulla Leippe.
5. Auflage. 142 Seiten.

GTB 952 *Verstehen, was Sterbende sagen wollen*
Einführung in ihre symbolische Sprache. Aus dem Amerikanischen übersetzt von Susanne Schaup.
2. Auflage. 160 Seiten und 8 farbige Kunstdrucktafeln.

GTB 1023 *Reif werden zum Tode*
6. Auflage. 190 Seiten.

Elisabeth Kübler-Ross

LEBEN BIS WIR ABSCHIED NEHMEN

Mit 80 Fotos von Mal Warshaw
und einem Beitrag von Paul Becker

Gütersloher Verlagshaus
Gerd Mohn

Aus dem Amerikanischen übersetzt von Christa Reich

CIP-Titelaufnahme der Deutschen Bibliothek

Leben bis wir Abschied nehmen / Elisabeth Kübler-Ross. Mit 80 Fotos von Mal Warshaw u. e. Beitr. von Paul Becker. [Aus d. Amerikan. übers. von Christa Reich]. – 2. Aufl. d. Taschenbuches, (31.–50. Tsd.). – Gütersloh : Gütersloher Verl.-Haus Mohn, 1989

Gütersloher Taschenbücher Siebenstern ; 955)
Einheitssacht.: To live until we say good-bye ⟨dt.⟩
ISBN 3-579-00955-9
NE: Kübler-Ross, Elisabeth [Mitverf.]; Warshaw, Mal [Ill.]; EST; GT

ISBN 3-579-00955-9
2. Auflage (31.–50. Tsd.) des Taschenbuches 1989

Die Originalausgabe ist erschienen im Verlag
Prentice-Hall Inc., Englewood Cliffs, New Jersey, USA,
unter dem Titel »To live until we say good-bye«

Lizenzausgabe mit freundlicher Genehmigung
des Kreuz Verlages, Stuttgart

Umschlaggestaltung: Dieter Rehder, Aachen, unter Verwendung eines Fotos von Mal Warshaw
Gesamtherstellung: Clausen & Bosse, Leck
Printed in Germany

Inhalt

Vorwort von Mal Warshaw

Vor nicht allzu langer Zeit verlor ich innerhalb eines halben Jahres vier Menschen, die mir besonders nahegestanden hatten: meine Eltern, einen Vetter und meinen besten Freund. Beinahe hätte ich auch noch meine Schwiegermutter verloren – viele Monate lang schwebte sie zwischen Leben und Tod. Diese Geschehnisse folgten unglaublich schnell aufeinander und erschütterten mich zutiefst. Sie führten dazu, daß ich mich in bis dahin nicht gekannter Intensität mit der Erfahrung auseinanderzusetzen hatte, daß unser Leben ein Ende hat.

Richard Bove, ein Kollege am Pratt-Institut, an dem ich zu jener Zeit eine Lehrtätigkeit ausübte, schlug mir vor, ich sollte doch einmal einen Fotoband zum Thema »Tod« vorlegen. Dieser Gedanke übte sofort eine außerordentliche Faszination auf mich aus. Auch meine Frau Betty wurde davon gepackt. Betty erkannte, wie ungemein wichtig es wäre, wenn man einmal versuchte, die verschiedenen Aspekte des Sterbeprozesses im Bild festzuhalten. Weil sie mich ermutigte, weil sie mich verstand, und vor allem weil sie mich so freimütig an ihrem eigenen Schrecken, ihren Ängsten und Fantasien über das Sterben teilhaben ließ, schloß sie auch mein Herz mit all seinen in der Tiefe begrabenen Gefühlen auf. So konnten wir uns gemeinsam auf Entdeckungsreise begeben und versuchen, Antworten auf unser angstvolles Fragen nach dem Tod zu finden.

Lucy Kroll, die mit mir befreundete Inhaberin einer Verlagsagentur, machte mich mit Beth bekannt. Sie war eine vitale Frau, gerade 42 Jahre alt, hoffnungslos an Krebs erkrankt. Sie war bereit, an diesem Erfahrungsprozeß teilzunehmen, und gestattete mir, die letzte Phase ihres Lebens zu fotografieren.

Nachdem ich intensiv mit Beth gearbeitet und Hunderte von Aufnahmen von ihr gemacht hatte, schlug mir ein Freund vor, ich sollte diese Bilder doch einmal Elisabeth Kübler-Ross zeigen, mit der er befreundet war. So lernte ich Dr. Kübler-Ross kennen. Aus jener ersten Begegnung erwuchs die Bereitschaft, miteinander zu arbeiten, erwuchsen gegenseitige Bewunderung, Freundschaft und Hochachtung. Daß ich Dr. Kübler-Ross mit ihren so besonderen Einsichten und Fähigkeiten kennengelernt habe, gehört für mich zu den wertvollsten Ergebnissen dieser Zusammenarbeit überhaupt.

Bei der Arbeit mit Beth und bei dem Erleben des Sterbens meiner Freunde und Angehörigen habe ich immer wieder wahrgenommen, daß das Gesicht eines todkranken Menschen, der seinen nahenden Tod akzeptiert, von einem wundervollen Frieden und einem geradezu überwältigenden Leuchten verklärt ist. Mir lag sehr viel daran, gerade diesen Blick im Bild festzuhalten und so vielleicht viele andere Menschen an diesen Empfindungen teilhaben zu lassen. Und von Anfang an war dabei klar, daß eine ganze Reihe von Bildern gemacht werden mußte, damit der Gesamtprozeß ein wenig nachgezeichnet und der Hintergrund einer jeden individuellen Geschichte ein wenig erhellt werden konnte.

Gewöhnlich erfreut sich ein Fotograf einer ganz eigenartigen, besonderen Beziehung zu seinem Gegenstand – ganz gleich, ob es sich bei diesem Gegenstand um einen Menschen, eine Naturszene oder um ein unbelebtes Objekt handelt. Der Fotograf ist ein distanzierter Beobachter, er verhält sich »objektiv« und ist in jeder gegebenen Situation nur von seinem inneren ästhetischen Empfinden geleitet. Dabei nimmt er eine Haltung an, die etwa der sogenannten »therapeutischen Einstellung« des Sozialarbeiters entspricht; dadurch bringt er seine künstlerischen und fachmännischen Fähigkeiten zu höchster Entwicklung. Normalerweise funktioniert das auch reibungslos.

Aber bei dieser Art Arbeit war jegliche »Objektivität« völlig undenkbar. Zum Glück (nicht nur für mich, sondern, wie ich hoffe, auch für meine Arbeit) wurden alle meine »Objekte« auch meine Freunde. Es ist völlig unmöglich, gegenüber einem sterbenden Freund auch nur die geringste Distanz zu wahren – jedenfalls dann, wenn man die Kommunikation mit ihm aufrechterhalten und seine Erfahrungen teilen möchte.

Eine besondere Schwierigkeit bei der Entstehung der Aufnahmen für dieses Buch bestand darin, daß ich weithin mit Unbekannten zu rechnen hatte. Man kann ja nie vorhersagen, in welchem Augenblick sich irgendein dramatisches oder zutiefst bedeutsames Geschehen ereignen wird. Ich wollte dabeisein, wollte am richtigen Platz stehen und meinen Apparat richtig eingestellt haben, um das einzufangen, was Robert Frank einmal »die Menschlichkeit des Augenblicks« genannt hat. Aber es war offensichtlich völlig unmöglich, das alles im voraus zu arrangieren. So mußte ich hier also eine ganz neue Methode entwickeln. Ich mußte viel Zeit investieren, mußte einfach verfügbar sein, mußte wissen, verstehen, selbst Teil des Geschehens werden, mich von meinem Instinkt leiten lassen und in alledem ein feines Empfinden für zwischenmenschliche Beziehungen entwickeln und ihm folgen.

Daß ich mir eine solche Arbeitsweise überhaupt leisten konnte, habe ich im Grunde der Tatsache zu verdanken, daß Kunst und Technik der Fotografie heute so hoch entwickelt sind. Ich arbeitete bei natürlichem Licht, das heißt, ich verzichtete auf zusätzliche Ausleuchtung oder Blitzlicht, um zu verhindern, daß die Kamera störend wirkte. Alle Bilder wurden mit sogenannten einäugigen Spiegelreflexkameras im Kleinbildformat aufgenommen. Mit Hilfe der heutzutage erhältlichen hochempfindlichen Filme und einer Auswahl von lichtstarken Objektiven konnte ich einer Fülle verschiedener und ständig wechselnder Situationen angemessen begegnen.

Kein Bild in diesem Buch ist gestellt. Mit Erlaubnis meiner Freunde war ich einfach »da« (und zwar im Hintergrund, mit meiner Kamera) und beobachtete dabei die kleinen Begebenheiten des Alltags, ebenso aber natürlich auch die besonderen Ereignisse.

Die »Objekte« meiner Kamera sollten für mein ganzes Leben eine besondere Bedeutung gewinnen. Sie waren meine Lehrer. Sie veranlaßten mich zu einer Art und Weise der Selbstprüfung, der ich bisher aus dem Wege gegangen war. Das tat zwar weh, aber es erwuchs mir daraus auch eine große Ruhe, die ich bis dahin nicht gekannt hatte. Ich machte die Erfahrung, daß ich in dem Maße, in dem ich mich der Wirklichkeit des Sterbens stellte, in einem sehr viel tieferen Sinn lebte als zuvor. Ich fühlte mich viel leichter, viel ausgeglichener und mit mir selbst im reinen.

Immer werde ich den Freunden dankbar sein, die uns so großzügig und bereitwillig an ihrem Leben teilhaben ließen: Beth, Louise, Linda und Jamie, Jack und allen anderen Schwerkranken. Sie haben das Kostbarste, das sie besaßen, mit uns geteilt: die kurze ihnen noch verbleibende Zeit.

Ich habe versucht, in meinen Aufnahmen den jeweiligen Sterbeprozeß in seiner Entwicklung nachzuzeichnen. Wenn ein Mensch innerlich darum ringt, daß er die Unausweichlichkeit seines bevorstehenden Todes akzeptiert, dann drückt sich das in seinem Gesicht und in seiner Haltung aus. Genau dies wollte ich im Bild einfangen. Ich hoffe, daß auch Ihnen beim Betrachten der Bilder und beim Lesen der Texte dieses Buches der Gedanke an das Sterben vertrauter wird und daß Ihnen danach – wie auch mir – das Leben reicher erscheint als zuvor.

Einführung von Elisabeth Kübler-Ross

Mal Warshaw und ich lernten einander durch einen gemeinsamen Freund kennen. Dieser Freund wußte, daß ich mit todkranken Patienten arbeitete, ihm war aber auch bekannt, daß Mal Warshaw auf seine Weise versuchte, dem Geheimnis des Todes ein wenig näherzukommen. Nach einer ersten Unterredung mit Mal, in deren Verlauf wir uns über unsere jeweiligen Interessen austauschten, lud ich ihn zu mir ein. Und nun lernte ich nicht nur den Fotografen Mal, sondern vor allem auch den Menschen Mal kennen, einen Menschen, der ernsthaft darum bemüht war, sich auf einem Gebiet zu engagieren, um das so viele andere Menschen am liebsten einen großen Bogen machen.

Ich erkannte sofort, daß es Mal ebenso erging wie manchem anderen Menschen in unserer Gesellschaft: Er war mit dem Tod noch nicht ins reine gekommen. Aber eines zeichnete ihn vor anderen aus: Er war bereit, sich seinen Ängsten, seinen Schuldgefühlen und Versäumnissen zu stellen – und er war gewillt, nach Antworten auf all die Fragen, die er hatte, zu suchen; das waren Fragen, die nicht nur mit Tod und Sterben, sondern gerade auch mit dem Leben zu tun hatten – und auch mit der Fürsorge, die wir denen schuldig sind, die sich dem Faktum ihrer eigenen Endlichkeit gegenübersehen und damit fertig werden müssen.

Mal hatte einen Stapel von Bildern mitgebracht. Sie zeigten eine schöne Frau in tapferem Kampf gegen den Krebs – eine Frau, die am Ende unterlag. Mal hat einen Blick für die Dinge; er sieht manches, das andere nicht wahrnehmen. Und er ist begabt. Und so war es ihm gelungen, in den Aufnahmen von seiner Freundin Beth Situationen und Aspekte vom Leben und Sterben einer Frau einzufangen, die über das Individuelle hinaus von allgemeiner Bedeutung waren. Als wir sie betrachteten, fingen wir an, miteinander über all das zu reden, was wir von todkranken Patienten lernen können. Wir lernen von ihnen nicht nur deswegen, weil sie uns an Weisheit und Lebensreife voraus sind und uns während ihrer letzten Krankheit an beidem teilhaben lassen können; nein, schon ihr Gesicht spricht eine Sprache für sich, und wenn sie uns erlaubt haben, Aufnahmen von ihnen zu machen, so tragen sie damit, wie wir hoffen, dazu bei, daß viele Menschen von ihrer Botschaft erreicht und daß selbst die Skeptiker davon überzeugt werden, daß das Sterben ein wichtiger Teil des Lebens ist.

Diese Bilder erzählen uns in eindrücklicher Symbolsprache, wie es ist, wenn man diesen Kampf zu kämpfen hat, wenn man hindurch muß durch Bitterkeit, Schmerz und Einsamkeit. Am Ende geht es einem so wie dem rohen Stein, der in eine Gesteinszentrifuge geworfen wird: Er kommt als Edelstein heraus. Menschen, die an einer tödlichen, zerstörerischen Krankheit leiden und den Mut haben, »ja« dazu zu sagen, sie zu akzeptieren, leuchten am Ende des Kampfes wie ein Edelstein. Mals Bilder zeigen meisterhaft, daß ihr Gesicht tatsächlich so von diesem Leuchten geprägt ist, daß andere Menschen es wahrnehmen können.

So wollen wir in diesem Buch zeigen, was Menschen geschehen kann und wird – und zwar jungen und alten, Kindern und Erwachsenen gleicherweise –, die zwar einem bösartigen, zerstörerischen Prozeß ausgesetzt sind, die aber am Ende daraus hervorgehen wie ein Schmetterling aus dem Kokon: in Frieden und Freiheit. Nicht nur die Betreffenden selbst erleben das, sondern auch alle, die gewillt sind, die letzten Augenblicke der Sterbenden mit ihnen zu teilen, und die den Mut haben, Abschied zu nehmen, weil sie wissen, daß auf jeden Abschied ein Wiedersehen folgt.

Jeder der von uns ausgewählten Patienten reagierte anders auf seine Krankheit. Jeder hatte seinen eigenen Kampf zu bestehen. Bei jedem hatte das stabilisierende System seine individuelle Ausprägung und seine individuelle Begrenzung. Aber ausnahmslos alle hatten den Mut, zu ihrer Krankheit »ja« zu sagen, und sie erlebten ihr Ende ohne Angst, ohne Schuldgefühle, ohne das Bewußtsein, Unerledigtes zu hinterlassen. Angst und Schuld sind die einzigen Feinde des Menschen, die es gibt, und wenn wir den Mut haben, uns unseren Ängsten, unserer Schuld und unserem Wissen von Versäumtem und Unerledigtem zu stellen, werden wir aus diesem Prozeß schließlich mit größerer Selbstachtung und größerem Selbstvertrauen hervorgehen und werden besser gewappnet sein gegen die Stürme, die künftig noch über uns hereinbrechen mögen. Einer meiner Lehrer hat das einmal sehr schön so ausgedrückt: »Könnte man die Canyons vor den Stürmen schützen, niemals erblickte man die Schönheit ihrer Schluchten.«

Unsere Lebensarbeit besteht seit vielen Jahren darin, unseren Patienten dazu zu verhelfen, daß sie ihre tödliche Krankheit nicht als zerstörerische, negative Macht betrachten, sondern daß sie in ihr einen jener Stürme erkennen, die ab und zu über unser Leben dahinbrausen und die dazu da sind, daß wir reif werden und am Ende ebenso wundervoll geformt und geprägt sind wie die Canyons, die jahrhundertelang den Kräften von Natur und Wetter ausgesetzt waren. Wir hoffen, daß das gemeinsame Wagnis, das wir mit der Veröffentlichung von Fotos unserer Patienten eingehen, für sich selbst spricht und daß einige wenige Worte zur Erklärung genügen.

Die Auswahl unserer Patienten erfolgte mehr oder weniger zufällig. Es waren die ersten Patienten, die sich bereit erklärten, sich für dieses Buch zur Verfügung zu stellen. Dieses Buch soll nach ihrem Willen ein Geschenk sein – zunächst für ihre Angehörigen, dann aber auch für jene Tausende ihnen unbekannter Menschen, die diese Bilder betrachten und die Texte lesen und dabei über ihre eigene Endlichkeit nachdenken und sich fragen, ob sie selbst im Ernstfall einer tödlichen Krankheit auch mit solcher Gelassenheit, solcher Tapferkeit und in solchem Frieden begegnen würden.

Wir spielten in diesem Kampf meist nur die Rolle dessen, der das Stichwort gibt. Wir teilten ein paar Augenblicke ihres Lebens mit ihnen – Tränen vielleicht, oder Hoffnungen. Vor allem aber hörten wir ihnen zu. Jeder von ihnen hatte in der Stille überlegt, wie er – oder sie – sterben wollte. Alle wußten von dem ihnen bevorstehenden Geschick, und jeder hatte seine Vorbereitungen in einer Weise getroffen, die seiner Persönlichkeit und seinem Charakter entsprach. Jeder wollte bis zum Ende so leben, wie es ihm persönlich am sinnvollsten erschien – selbst unsere kleine Jamie, deren Wunsch es war, zu Hause zu sein: bei ihrer Mutter, ihren Spielsachen, ihrem Bruder und ihrem Hund, den sie so gern hatte. Auch sie wußte, daß ihr der Tod bevorstand; aber solange sie ihre geliebte Mutter sehen konnte, wann immer sie die Augen öffnete, war sie getröstet und zufrieden. Obwohl sie zur Behandlung in einem Krankenhaus war, in dem man sich in medizinischer und menschlicher Hinsicht alle nur erdenkliche Mühe mit ihr gab, wußte sie doch bereits, daß es zuallerletzt keinen Ort für sie gab, der ihr das Zuhause ersetzen konnte. Klein wie sie war, konnte sie doch schon ein Bild malen und darin in einer ergreifenden symbolischen Sprache ausdrücken, was sie im Hinblick auf ihren bevorstehenden Tod empfand. Dieses Bild wurde zur Quelle des Trostes für ihre Mutter, die die Botschaft ihrer kleinen Tochter verstand und die ihr Kind daraufhin loslassen und freigeben konnte – ebenso wie auch das kleine Mädchen selbst sich loslassen und den eigenen Tod im Bild durch einen frei gen Himmel schwebenden Luftballon symbolisieren konnte.

Ich hoffe, daß unser gemeinsames Werk den Leser und Betrachter zum Nachdenken anregt, zum Nachdenken über das Leben und über die Art und Weise, in der wir unsere Tage und Nächte verbringen. Ich hoffe, daß es auch Ihnen dazu verhilft, jedem Augenblick Ihres Lebens und Sterbens den rechten Wert beizumessen. Es will Ihnen zeigen, daß jeder Abschied zugleich auch ein Willkommensgruß ist, und es kann Sie zumindest dahin führen, daß Sie lernen, die geheimsten Gedanken und Tränen anderer Menschen zu verstehen, die Ihnen im Tode vorangegangen sind und Ihnen einen bestimmten Weg dahin gewiesen haben.

Der Mensch ist gegenüber allen anderen Lebewesen eines großen Vorzugs gewürdigt: Er ist frei in seiner Wahl. Wir sind keine willenlosen, ohnmächtigen Staubkörner, die vom Wind des Zufalls hin- und hergetrieben und durcheinandergewirbelt werden. Wir sind vielmehr wie die schönen Schneeflocken, die Gott geschaffen hat – jeder einzelne von uns. Im ganzen Universum gibt es keine Schneeflocke, die irgendeiner anderen genau gleicht, und im ganzen Universum gibt es keinen einzigen Menschen, der einem anderen genau gleicht – nicht einmal bei eineiigen Zwillingen ist das der Fall. Jeder einzelne von uns ist aus einem bestimmten Grund und zu einem bestimmten Ziel geboren, und jeder einzelne von uns wird erst dann sterben, wenn er das vollbracht hat, was ihm zu vollbringen bestimmt war. Und nun hängt alles daran, daß wir bereit sind, aus der Zeit zwischen Geburt und Tod das Beste zu machen, und zwar das Beste aus jedem Tag, aus jedem Augenblick und aus jeder sich bietenden Gelegenheit. Wir haben die Wahl. Wenn wir Krebs haben, können wir natürlich den Kopf in den Sand stecken und es zeitweise zu vergessen suchen. Wir können uns auch dem Selbstmitleid, dem Zorn und der Bitterkeit überlassen, bis es zu spät ist. Oder wir können uns mit aller Kraft um die bestmögliche Behandlung im In- oder Ausland bemühen. Wir können die Sache geheimhalten, wir können aber auch den Kampf gemeinsam mit den Menschen, die wir liebhaben, durchfechten. Nicht nur wir selbst können in diesem Kampf wachsen und reifen, sondern wir gewähren diese Chance auch den Menschen, die mit uns kämpfen und mit uns leiden. Liebe ist Hingabe, und alle Hingabe hat nur dann Wert und Sinn, wenn sie für beide eine Wohltat ist: für den Gebenden wie für den Beschenkten.

Wenn wir todkrank sind, können wir den Kampf aufgeben. Wir können die Aufmerksamkeit der anderen auf uns zu ziehen suchen. Wir können weinen. Wir können lange vor der Zeit invalid und hilflos werden. Wir können unsere Wut und das Gefühl, daß wir schlecht und ungerecht behandelt werden, an anderen auslassen und sie dadurch unglücklich machen. Wir können aber auch einen anderen Weg wählen: Wir können unser Werk zu Ende führen und alle Tätigkeiten ausüben, zu deren Ausübung wir noch fähig sind. Wenn wir tapfer sind und anderen das Gefühl vermitteln, daß wir in unserem Dasein noch einen Sinn sehen, dann wird das nicht ohne Auswirkung auf das Leben dieser anderen bleiben.

Von den Tausenden todkranker Kinder und Erwachsener, die ich in den vergangenen Jahrzehnten begleitet habe, ist ein bleibender Eindruck bei mir eigentlich nur von denjenigen geblieben, die bereit waren, ihre Empfindungen mit mir zu teilen. Daß wir in dem gleichen Maß empfangen, in dem wir geben, ist die wichtigste und zutiefst wahre Lektion gewesen, die ich im Lauf der Jahre dabei gelernt habe. Diejenigen, die ihre Ängste und Frustrationen, ihre Schuldgefühle und die Gedanken an unerledigte Dinge nicht aus sich herauslassen konnten, sind am Ende darin stecken geblieben, vielleicht sogar daran erstickt. Diejenigen, die den Mut hatten, zu weinen und – wenn nötig – zu rasen, Gott zur Rede zu stellen sowie ihren Schmerz und ihre Qual mit anderen zu teilen, sind am Ende diejenigen gewesen, die an die Tiefe unseres Seins gerührt haben. Das waren dann auch diejenigen, deren Gesicht friedlich und gelöst war und von innen her leuchtete, wenn sie dahingingen, so daß die Menschen, die in den letzten Tagen ihres Erdenlebens noch einmal in ihr Zimmer traten, von stummer Scheu überwältigt wurden, wenn sie sie anblickten. Wer miterlebt hat, wie unsere Patientin Louise darum gekämpft hat, ihren Weg zu finden, auf dem sie gehen konnte und auf dem sie bewußt auf ihren Tod hinleben konnte, der ist nicht mehr derselbe wie zuvor. Denn er ist durch dieses Beispiel verändert worden und wird daran denken, wenn seine eigene Zeit kommt.

Die Patienten, die Sie in diesem Buch sehen, wurden unsere Freunde. Wir haben mit ihnen viel mehr geteilt als bloß Zeit. Wenn man anderen Menschen wohltun kann – ganz gleich, auf welche Weise –, dann ist das immer ein gegenseitiges Wohltun. Was immer wir ihnen auch durch unsere Fürsorge und unser Mitgefühl gegeben haben mögen – auch sie haben unser Leben reich gemacht, und wir sind zutiefst dankbar für jene besonderen Augenblicke, die wir mit ihnen erlebt haben. Wir danken ihnen auch, daß sie das Erscheinen dieses Buches ermöglicht haben.

Die Patienten und ihre Angehörigen, die uns erlaubt haben, sie auf ihren letzten Wegen zu begleiten, haben das getan, weil sie wollten, daß dieses Buch für alle Menschen eine Hilfe sein soll, die sich die Zeit nehmen, diese Bilder zu betrachten – nicht nur mit den Augen, sondern auch mit dem Herzen und mit der Seele. Wir danken unseren Patienten dafür, daß sie uns Zugang zu ihrem privaten Heim gewährt und daß sie ihre Mahlzeiten, ihre Gedanken und ihre Hoffnungen mit uns geteilt haben. Wir danken ihnen für den Weg, den sie gegangen sind, und für ihren Glauben, der damit rechnete, daß ihr Leben und Sterben auch Sie so tief berühren wird, wie es uns berührt hat.

LEBEN BIS WIR ABSCHIED NEHMEN

Die Arbeit, die ich nun seit über zwanzig Jahren tue, begann vor langer Zeit – eigentlich schon vor meiner akademischen Tätigkeit in den Vereinigten Staaten. Im Grunde begann sie in Polen. Ich hatte das Glück, unmittelbar nach dem Kriege in Europa Hilfsdienst- und Wiederaufbauarbeit leisten zu dürfen, und kam im Rahmen dieser Tätigkeit auch in das Konzentrationslager Maidanek. Tausende von Menschen waren hier getötet worden. Ich sah die Gaskammern und die Wagenladungen von Kinderschuhen; es waren die Schuhe von ermordeten Kindern. Ich sah aber auch Kritzeleien und Bilder, die Kinder an die Innenwände der Baracken gemalt hatten. Oft enthielten sie eine Botschaft an ihre Mama oder an ihren Papa. Ich sah auch Zeichnungen von Schmetterlingen an den hölzernen Barackenwänden, mit Kreide oder einem Stein gemalt oder auch einfach mit dem Fingernagel eingeritzt. Schon in jenen Tagen begann ich über das nachzudenken, was wir Menschen einander antun, und mich zu fragen, wie es möglich ist, daß eine einzige Generation einen Hitler und eine Mutter Theresa hervorbringt – einen Mann, der die ganze Welt zerstören wollte, und eine Frau, die sich ganz und gar an die Aufgabe verloren hat, den Menschen zu helfen, die in den Straßen Indiens elendiglich umkommen. Immer wieder beschäftigte sich mein jugendlicher Geist mit der Frage: Was kann eigentlich der einzelne bei der Erziehung der nachfolgenden Generation dazu beitragen, daß es nie mehr einen neuen Hitler geben wird und daß eine Jugend heranwächst, die sich von wahrer Liebe statt von destruktiven Kräften leiten läßt?

In jenem Konzentrationslager sah ich das Sterben in seiner grausigsten Form, ich sah aber auch das Leben – das Überleben – in seiner edelsten Form. Ich begegnete dort einer jungen Jüdin, die ihre gesamte Familie verloren hatte: Eltern, Großeltern und Geschwister. Alle hatten sich in einer Reihe aufstellen und nacheinander in die Gaskammer gehen müssen, um dann unter einer gewaltigen Masse menschlicher Leiber begraben zu werden. Wunderbarerweise war dieses Mädchen verschont geblieben. Und trotz alledem war sie nicht bitter oder rachsüchtig geworden, sondern sie brachte es über sich, an diesem Ort zu bleiben und anderen Leuten dabei zu helfen, mit ihren eigenen Ängsten und ihrer eigenen Destruktivität fertig zu werden und sich in fürsorgliche, opfer- und dienstbereite Menschen zu verwandeln. Nun fragte ich mich in jenen Tagen natürlich dauernd, woher der Lebensmut dieses jungen Mädchens kam. Wieso gelang es ihr, ihre Bitterkeit und ihre Trauer, ihren Zorn und ihre Verwundung zu überwinden? Erst nachdem ich mit ihr zusammen gelebt und gearbeitet hatte, in Erste-Hilfe-Stationen, Suppenküchen und anderen Fürsorgeeinrichtungen, wurde mir allmählich klar, daß zwar in jedem Menschen ein potentieller Hitler, daß aber auch in jedem von uns eine potentielle Mutter Theresa steckt.

In den darauffolgenden Jahren suchte ich in allem, was ich tat, nach einer Antwort auf die Frage, wie wir diese in uns angelegte Möglichkeit in die Wirklichkeit umsetzen können – und das nicht nur in unserem eigenen Leben, sondern auch im Leben der Menschen, mit denen wir in Berührung kommen. Menschen, die mitten im Leben stehen und vielleicht den Höhepunkt ihrer beruflichen Laufbahn oder ihrer Studien erreicht haben, oder Menschen, die vollauf damit beschäftigt sind, Kinder aufzuziehen, Geld zu verdienen und sich um ihr Fortkommen zu sorgen, sind wahrscheinlich nicht gerade dazu aufgelegt, nach Antworten auf solche philosophischen Fragen zu suchen. Von ihnen bekam ich auch keine Antwort. Statt dessen bekam ich sie von den hoffnungslos Kranken, chronisch Schizophrenen, mit denen ich arbeitete. Oder ich erhielt sie von den Eltern, die zurückgebliebene oder mehrfach behinderte Kinder hatten. Oder sie kamen von Müttern und Vätern, deren Kind brutal ermordet worden war, von Eltern, die während endloser Stunden in Krankenhäusern und vor Intensivstationen gesessen und darauf gehofft hatten, daß ihr Kind, dessen Leben an einem seidenen Faden hing, es noch einmal schaffen würde.

Solche Antworten kamen auch von Leuten, die wußten, daß sie todkrank waren und daß ihre Lebenserwartung sich nur noch auf eine kurze Zeitspanne bezog. Diese Menschen begannen – oft zum ersten Mal in ihrem Leben –, sich inmitten all ihrer Betriebsamkeit Zeit zu nehmen und ihr Leben zu überdenken. Sie fingen an zu fragen, was sie eigentlich aus ihrem Leben gemacht hatten und wie sie die Zeit, die ihnen noch blieb, nutzen könnten. Sie hatten den Mut, sich selbst objektiv, ohne rosarote Brille, zu betrachten, und sie brachten es über sich, Unwichtiges und Belangloses zur Seite zu schieben. Und so gelang es ihnen, allmählich zum Grund der Dinge vorzustoßen. Dergleichen kann nur einem Menschen gelingen, der sich in einer Krise befindet und es wagt, sich der Wirklichkeit zu stellen, auch wenn das weh tut.

Meine Arbeit mit solchen Patienten führte mich schließlich dazu, daß ich Kurse für Medizinstudenten, Sozialarbeiter, Anstaltsgeistliche und Krankenschwestern abhielt. Ich hatte beobachtet, daß Angehörige dieser Berufsgruppen oft geradezu verzweifelt bemüht waren, den todkranken Patienten auf ihrer Station aus dem Wege zu gehen. Ich wählte für meine Kurse aufs Geratewohl einen todkranken Patienten aus und forderte ihn auf – ohne den Verlauf des Gesprächs vorher irgendwie mit ihm abzusprechen –, mit mir über seine Situation und über seine Gefühle zu reden. Dies geschah in einem Sprechzimmer, in dem wir von den Kursteilnehmern im angrenzenden Raum nichts merkten, diese uns aber über Bildschirm beziehungsweise Einwegspiegel und über Tonübertragungsanlage zusehen und zuhören konnten. Es war ein privates Gespräch zwischen uns beiden, auch wenn unsere Patienten natürlich von der Gegenwart der Kursstudenten wußten und bereit waren, so viel wie möglich weiterzugeben von dem, was sie selbst an Reife, Weisheit und Einsicht erworben hatten. Aus derartigen Gesprächen mit Patienten erwuchs schließlich vor über zehn Jahren das inzwischen weithin bekannte Studienseminar über Tod und Sterben an der Universität Chicago. Über die Einzelheiten und die Ergebnisse dieser Arbeit habe ich in meinem Buch »On Death and Dying« (The Macmillan Co., New York 1968) berichtet, das in deutscher Sprache im Kreuz Verlag unter dem Titel »Interviews mit Sterbenden« zum ersten Male 1971 erschienen ist.

Im Laufe der Zeit zeigte es sich, daß der institutionalisierte Rahmen das Pflegepersonal dazu verleitete, sich im Grunde doch auf die »Dame für Tod und Sterben«, die ich nun einmal geworden war, zu verlassen. Wenn ich mich nicht entbehrlich machte, würden die anderen nie den Mut finden, diese Arbeit auch selbständig auszuüben. Es war ja so viel einfacher, einen todkranken Patienten wieder einmal einem Spezialisten zuzuschieben, in diesem Fall also dem »Sterbefachmann«, dem Thanatologen. Aber das war nicht das Ziel meiner Arbeit. Vielmehr wollte ich junge Studenten, die einen pflegerischen oder seelsorgerlichen Beruf anstrebten, helfen, sich ihrer eigenen Ängste, ihrer eigenen unaufgearbeiteten Probleme bewußt zu werden und sich ihnen zu stellen, anstatt sie unfreiwillig auf ihre Patienten zu projizieren.

Es war ja so, daß die Ärzte, die selbst die größte Angst vor Tod und Sterben hatten, es am striktesten ablehnten, ihren schwerkranken Patienten die Wahrheit über ihren Zustand zu offenbaren – und dies mit der Begründung, die Patienten wollten darüber angeblich nicht sprechen. Die Professionellen waren unfähig zu erkennen, daß sie mit dieser Behauptung lediglich ihre eigenen Ängste und ihre eigene geheime Beunruhigung auf andere übertrugen; die Patienten aber spürten diese

Gefühle der »Fachleute«, und daher sprachen sie nicht mit den Ärzten über das, was sie doch schon längst wußten. So kam es, daß viele sterbende Patienten allein gelassen wurden, daß sie wie in einem gläsernen Raum eingeschlossen waren, und keiner kümmerte sich um sie. Eine Sozialarbeiterin beschrieb diesen Teufelskreis treffend so: »Ich wußte nur zu gut, daß er mit mir reden wollte, aber ich wich ihm immer aus und machte einen kleinen Scherz oder versuchte ein aufmunterndes Wort. Beides verfehlte natürlich seine Wirkung. Der Patient sah klar, und ich sah auch klar, aber als er merkte, wie verzweifelt ich bemüht war, ihm auszuweichen, tat ich ihm leid, und also behielt er für sich, was er so gern mit einem anderen Menschen geteilt hätte. Und so starb er, ohne mich weiter zu behelligen.«

Ich dagegen hoffte, daß mehr Sozialarbeiter als bisher, mehr Geistliche, mehr Medizinstudenten und mehr Krankenschwestern den Mut finden würden, ihre eigene Haltung gegenüber diesen Patienten und gegenüber einer zum Tode führenden Krankheit überhaupt zu überprüfen und sich über ihre eigenen nicht verarbeiteten Verlustgefühle oder Frustrationen Rechenschaft abzulegen. Ich hoffte, sie würden künftig den Mut finden, über ihre Ängste, ihren Schmerz und ihre Zweifel offen zu reden, sich so davon zu befreien und auf diese Weise nicht nur ihren eigenen Bedürfnissen, sondern auch denjenigen sterbender Patienten gerecht zu werden.

Nachdem ich die Universität Chicago verlassen hatte, setzte ich meine Lehrtätigkeit in den Vereinigten Staaten und in Kanada, später auch in Europa, Australien und anderswo fort. Plötzlich zeigte es sich, wie groß das Bedürfnis nach Hilfe gerade auf diesem Gebiet war, und natürlich konnte meine Arbeit nur ein bescheidener Anfang sein – auch wenn ich im Jahr nahezu 400 000 Kilometer hinter mich brachte und wöchentlich zu durchschnittlich 15 000 Menschen über die Probleme von Sterbenden zu sprechen hatte. Bei mir zu Hause herrschte zuzeiten ein Betrieb wie an einem Hauptbahnhof. Es kamen Eltern, deren Kind vermißt wurde oder ermordet worden war; Eltern, deren Kind im Sterben lag oder sich das Leben genommen hatte. Todkranke Patienten, denen man die Wahrheit über ihren Zustand gesagt hatte und deren Angehörige es ablehnten, sich mit ihnen über ihre Probleme zu unterhalten, machten meine Telefonnummer und Adresse ausfindig und kamen mit ihren Sorgen und Ängsten zu mir. Entweder schrieben sie, oder sie riefen an, oder sie kamen persönlich, und wenn ihnen das nicht mehr möglich war, dann baten sie mich um einen Hausbesuch.

Viele Patienten waren in einem Krankenhaus gewesen und dort ausgezeichnet versorgt worden, bis eben eine medizinische Behandlung in ihrem Fall sinnlos geworden war. Dann waren sie entweder in ein Pflegeheim überwiesen oder aber nach Hause entlassen worden, ohne daß ihre Angehörigen darauf recht vorbereitet gewesen wären. Oft gab es noch nicht einmal einen Arzt in erreichbarer Nähe. In dieser Situation, in der die medizinische Behandlung an ihr Ende gekommen war, wurde ich dann ihr Arzt. Das Wort »Arzt« verstehe ich hier in seinem alten Sinn: Der Arzt ist eine Person, die das Leiden erleichtert und die dabei doch weiß, daß damit nicht in jedem Fall medizinische Heilung, medizinische Behandlung oder auch nur eine Verlängerung der Lebenszeit verbunden ist. Diesen Patienten ging es auch mehr um die Qualität des Lebens als um seine Quantität. Wir stellten uns ganz auf diejenigen Patienten ein, die mit jeglicher Behandlung aufhören und nach Hause entlassen werden wollten – die ihr Haus bestellen (im wörtlichen und im übertragenen Sinn) und die letzten Wochen, Monate oder vielleicht auch nur Tage im Kreis ihrer nächsten Angehörigen verbringen wollten. Wir erkannten bald, daß Patienten nicht nur wissen, daß sie sterben, sondern auch, *wann* sie sterben werden. Sie geben dies in symbolischer, verbaler oder non-verbaler Sprache zu erkennen: Kinder zum Beispiel tun das in Bildern, die deutlich ausdrücken, daß sie von ihrer Krankheit, ihrem bevorstehenden Tod und sehr oft sogar vom Zeitpunkt ihres Todes wissen.

Wir begannen, solche Bilder, die von todkranken Kindern gemalt worden waren, für deren Eltern zu interpretieren, damit auch diese verstehen konnten, was ihr Kind ausdrücken wollte, und damit sie darauf in angemessener Weise – und nicht etwa mit irgendeiner Art von Verleugnung – antworten konnten. Wir zeigten ihnen auch, wie man noch aus einem Sterbezimmer ein Wohnzimmer machen kann. Wir erklärten ihnen, daß ein Schlafzimmer hierfür nicht so geeignet ist wie der Raum, in dem sich auch sonst das eigentliche Familienleben abspielt. Denn dieses Zimmer liegt meist näher an der Küche, und man nimmt den Duft des Kaffees oder der Suppe wahr, die gerade gekocht wird; hier hat man auch vielleicht ein großes Fenster zum Garten, und man sieht, wie es Frühling wird, wie die Bäume blühen, wie der Postbote zur Haustür geht und wie die Kinder aus der Schule kommen. Wir wollten, daß diese Patienten bis zum Tod wirklich leben durften, anstatt daß sie in ein stilles Schlafzimmer abgeschoben wurden. Auf ihrem Nachttisch sollten Blumen stehen, die Kinder gepflückt hatten und die dort jetzt wichtiger waren als ein Monitor oder eine Transfusionsapparatur. In einem solchen Wohnzimmer gab es kein Beatmungsgerät, höchstens einmal eine Sauerstoffflasche, die dem Patienten das Atmen erleichterte. Schon ein Kind konnte damit umgehen, ein Bruder oder eine Schwester des kleinen Kranken vielleicht, die auf diese Weise dem

Patienten einen Liebesdienst erweisen und sich darüber freuen konnten, daß auch sie etwas Nützliches zur Pflege des geliebten Menschen beitrugen.

Unsere Untersuchungen haben ergeben, daß in unserer Gesellschaft heute immer noch 75 Prozent der Menschen in Krankenhäusern, Heimen oder Anstalten sterben und daß die überwiegende Mehrzahl von ihnen lieber zu Hause stürbe. Dabei ist es im Grunde so einfach, die Angehörigen auf das Nachhausekommen eines Todkranken vorzubereiten und den Patienten selbst so weit zu bringen, daß er sich zu Hause wohl fühlt und ohne unnötige Angst oder Aufregung lebt.

Um die körperlichen Qualen unserer Krebspatienten zu lindern, benutzten wir ein amerikanisches Mittel, das der englischen Brompton-Mixtur entspricht. Es handelt sich hierbei um ein flüssiges Analgetikum, das anstelle des in den Vereinigten Staaten verbotenen Heroin Morphium enthält. So konnten wir also unseren Patienten anstelle ständiger Injektionen ein orales Schmerzmittel verabreichen. Sie konnten nach Hause zurückkehren und sich eine Flasche mit diesem Mittel auf ihren Nachttisch stellen und selbst auf ihre Schmerzen achten und entsprechend dosieren. Also waren *sie* es, die *uns* sagten – und nicht etwa umgekehrt! –, welche Medikation sie brauchten, um schmerzfrei, munter, wach und bis zu den letzten Augenblicken ihres Lebens bei vollem Bewußtsein zu sein. Weil uns diese Brompton-Mixtur zur Verfügung stand, gelang es uns, auch ältere Frauen zu ermutigen, ihren schwerkranken Ehemann nach Hause zu nehmen; sie brauchten ja keine Angst zu haben, daß sie es mit ihren zittrigen Händen nicht mehr schaffen würden, ihrem abgezehrten, sterbenden Lebensgefährten die nötige Spritze zu geben. Auch brauchten sie keine Sorge mehr zu haben, daß vielleicht gerade dann, wenn ihr Ehemann einen schlimmen Schmerzanfall bekam, keine Krankenschwester und kein Arzt erreichbar waren. Unter Beratung von G. Humma, einem Pharmazeuten des methodistischen Krankenhauses von Indianapolis, wurde ein Handbuch der Brompton-Mixtur zusammengestellt. Es stand jedem Arzt zur Verfügung, der dieses wundersame Mittel erproben wollte und der sich dazu ermutigen ließ, Patienten aus dem Krankenhaus zu entlassen, damit sie zu Hause sterben konnten, ohne bis zum Tod ständig auf Spritzen und andauernde ärztliche Überwachung angewiesen zu sein. Während vieler Jahre haben wir so mit Hilfe der Brompton-Mixtur erreicht, daß sich unsere Patienten wohl fühlten und daß sie wach und bei vollem Bewußtsein blieben. Kein einziges Mal ist es vorgekommen, daß ein Patient eine Überdosis genommen hat oder daß eine Drogenabhängigkeit eintrat.

In den letzten Jahren bestand meine ärztliche Tätigkeit ausschließlich aus Hausbesuchen bei todkranken Patienten. Ich habe unzählige Gespräche mit Angehörigen solcher Patienten geführt – entweder bei mir zu Hause oder unterwegs, in Hotels oder in Hörsälen oder auch in Nebenräumen irgendwelcher Kirchen, in denen ich häufig meine Vorlesungen halte. Ich habe daraus gelernt, daß viele Familien den Mut haben und es wagen, todkranke Patienten aus Pflegeheimen, Krankenhäusern oder Anstalten nach Hause zu nehmen. Dort, im eigenen Heim, in der altvertrauten Umgebung im Kreise ihrer Lieben, können diese Menschen am ehesten in Frieden sterben. Und dadurch, daß sie zu Hause sterben, helfen sie ja nicht nur sich selbst, nein, sie können so auch einem Kind, dem Ehepartner oder einem Geschwister zeigen, daß Sterben kein Alptraum ist – es sei denn, wir selbst machen einen daraus. Ein Kind, das den Tod eines Bruders oder einer Schwester, des Vaters oder der Mutter, des Großvaters oder der Großmutter zu Hause erlebt hat – einen Tod in einer Umgebung voller Liebe und voller Frieden –, wird keine Angst vor Tod oder Sterben mehr haben; und diese Kinder werden die Lehrer künftiger Generationen sein!

Dieses Buch wird Sie auf einige unserer Reisen mitnehmen. Sie werden uns zu einigen unserer todkranken Patienten begleiten. Es gibt solche Patienten überall. Aus praktischen Gründen haben wir nur Patienten aus den Vereinigten Staaten ausgewählt. Aber ich habe auch Patienten in Australien, in der Schweiz, in Deutschland und in Kanada besucht. Und in all diesen Jahren habe ich gelernt, daß die Menschen überall gleich sind, auch in ihrer Dankbarkeit, wenn sie überhaupt einen Menschen gefunden haben, der sich inmitten seiner vielen Arbeit eine Stunde Zeit nimmt und ihnen hilft, mit Würde zu sterben; »mit Würde«, das heißt dem eigenen Charakter und der eigenen Individualität entsprechend. Es kommt hier alles darauf an, daß wir den Sterbenden nicht noch zuletzt nach unserem Bilde formen wollen und unter dem Vorwand, wir wollten ihm helfen, ihm unsere eigenen Vorstellungen aufzwingen.

Alle Patienten haben uns gegenüber ihre Wünsche und Bedürfnisse artikuliert – jeder auf seine Weise. Und wir haben versucht, diese Bedürfnisse zu befriedigen. Es gibt Menschen, die es verzweifelt nötig haben, daß sie ihre Krankheit leugnen; aber es handelt sich hier nur um etwa ein Prozent der Bevölkerung. Den besten Dienst leisten wir ihnen, wenn wir ihrem Wunsch entgegenkommen, wenn wir ihnen also gestatten, ihre Krankheit zu leugnen, ohne daß sie deswegen Schuld- oder Minderwertigkeitsgefühle entwickeln müssen und ohne daß wir sie bewußt oder unbewußt der Feigheit zeihen. Wahrscheinlich haben sie ihr ganzes Leben mit Hilfe von Verleugnungen jeder Art bestritten. Nun brauchen sie diese Hilfe auch am Lebensende. Für sie bedeutet »mit Würde sterben«, daß sie die Verleugnung ihres Krankseins bis zum Schluß aufrechterhalten und in Gegenwart anderer nie auch nur eine Träne vergießen.

Andere kämpfen bis zum Schluß. Das sind die Protestler, die Rebellen. Meist gehören sie der jüngeren Generation an. Sie sind erbittert darüber, daß sie gerade erst angefangen haben zu leben und daß ihr Leben jetzt aufhört, bevor sie die erste Liebe oder die Ehe kennengelernt, bevor sie ein Kind bekommen, bevor sie ihre Berufsträume erfüllt, bevor sie ihr Leben wirklich gelebt haben. Es ist ungeheuer wichtig, daß wir diese Patienten nicht beruhigen oder beschwichtigen, daß wir ihnen vielmehr gestatten, ihrem Herzen Luft zu machen und ihrem Zorn Raum zu geben. Ebenso wichtig ist, daß wir ihnen nicht im Wege stehen, wenn sie das Bedürfnis haben, jede nur mögliche medizinische Behandlung auszuprobieren, auch wenn die eine oder andere vielleicht gesellschaftlich nicht anerkannt ist. Sie müssen sagen können: »Ich habe alles ausprobiert, was auf dem Markt ist« – ob das Gesundheitsministerium das nun gut findet oder nicht. Es steht uns nicht zu, anderen Menschen, die um ihr Leben kämpfen, etwas zu verbieten.

Andere handeln mit Gott – bis zum Schluß. Und die Versprechungen, die Gott dabei gemacht werden, werden praktisch nie gehalten. Eine junge Mutter, die darum betet, daß sie wenigstens so lange am Leben bleiben darf, bis ihre Kinder aus der Schule sind, fügt dann noch schnell die Bitte hinzu, daß sie leben darf, bis die Kinder heiraten; und am Hochzeitstag wiederum betet sie, noch erleben zu dürfen, daß sie Großmutter wird. Uns erscheint dieses Verhalten zutiefst normal und menschlich. Daher käme es uns nie in den Sinn, entsprechende Gelübde fragwürdig zu finden, auch wenn wir wissen, daß sie später durch andere, weitergehende, ersetzt werden. Wichtig ist, daß wir uns jederzeit über unsere eigenen Gefühle und Projektionen im klaren sind, so daß wir wirklich den Patienten und nicht uns selbst im Blick haben.

Wer einmal erlebt hat, wie ein Patient in völligem Frieden und ohne jede Resignation starb, wird das nicht vergessen. Er wird von nun an unterscheiden können zwischen einem verzweifelten alten Mann, der sterben will, weil das Leben für ihn jeden Wert verloren hat, und einem alten Mann, der Frieden gefunden hat und sein Los akzeptiert, weil er im Rückblick auf sein Leben sagen kann: »Ich habe wirklich gelebt!« – So wollen wir nun einige unserer Patienten besuchen, in Cleveland, in New York und anderswo, um zu erfahren, was sie uns über ihr Leben, ihren Kampf und über den Frieden sagen können, den jeder von ihnen auf seine Weise gefunden hat.

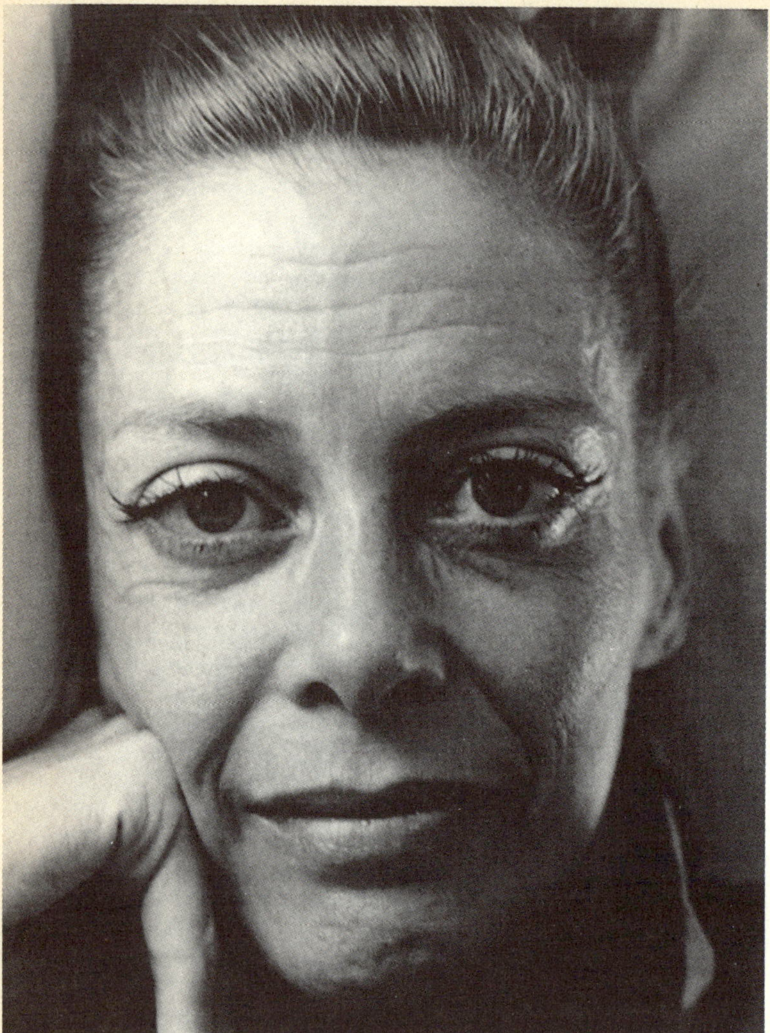

Beth, 42 Jahre alt, krebskrank

Beth

Unsere erste Freundin, die wir in diesem Buch vorstellen, ist Beth. Beth war eine höchst bemerkenswerte, schöne Frau, eine außergewöhnliche Erscheinung, aber auch eine außergewöhnliche Persönlichkeit. Sie war 42 Jahre alt, als wir sie kennenlernten. Damals hatte sie schon seit Jahren Krebs. Bilder von ihr, die aus der Zeit vor ihrer Krankheit stammen, zeigen eine wirklich ungewöhnlich attraktive Frau. Sie hatte in New York als Modell gearbeitet.

Wie gesagt, sie war von makelloser Schönheit, und deswegen wirkte der Krebs um so grausamer und zerstörerischer. Er brachte ihr ja nicht nur am Ende den Tod, sondern er veränderte auch das Aussehen dieser schönen jungen Frau, und gerade ihre äußere Erscheinung spielte ja für sie eine ganz besondere Rolle.

Sie war kinderlos, aber sie hatte viele Freunde; hilfesuchend wandte sie sich an die besten Kliniken der Welt. Schließlich wurde sie in Europa operiert und kehrte nach New York zurück – in der Hoffnung, wenigstens etwas Zeit gewonnen zu haben. Toni, ihre beste Freundin und Vertraute, war ihre unentbehrliche Hilfe. Lucy Kroll, eine befreundete Nachbarin, machte sie mit uns bekannt. Aus dieser Bekanntschaft erwuchs eine zwar nur allzu kurze, dafür aber um so bewegendere, innige Beziehung.

Sie schaffte es, so lang wie möglich zu Hause zu bleiben, und kümmerte sich um ihren Haushalt und ihre medikamentöse Versorgung ohne die Hilfe einer Pflegerin. In den drei Monaten, die wir sie gekannt haben, konnte sie schon keine normalen Mahlzeiten mehr zu sich nehmen, sondern lebte von einer speziellen Diät. Erst wenige Wochen vor ihrem Tod ging sie ins Krankenhaus.

Beth schrieb Gedichte und beschäftigte sich mit Philosophie. Viele Stunden hatte sie am Fuß des Soldatendenkmals am Riverside Drive, nicht weit von ihrer Wohnung, verbracht. Es war ein stilles Plätzchen, ganz umgeben von Grün – ein Ort, an dem man nachdenken und meditieren konnte, aber auch ein Ort, der an die Vergänglichkeit und die Fährnisse des Lebens gemahnte. Hier trafen sich alte Menschen und junge Liebespaare. Es war kein Zufall, daß Beth in ihrem letzten Willen

Beth beim Lesen im Hof ihres Appartementhauses

bestimmte, daß ihre Asche gerade an dieser für sie so bedeutungsvollen Stelle ausgestreut werden sollte . . .

Was Beth uns zeigte, ist dies: Wenn Menschen den Mut haben, ihre eigene Endlichkeit anzunehmen, und wenn sie diese äußerste Infragestellung ihrer Person mit allen Bitterkeiten, Qualen und Schmerzen, die daraus erwachsen, aushalten, dann gehen sie aus dem Kampf als neue Menschen hervor. Sie fangen an, mit Gott, der Quelle des Lebens, oder wie immer man das nennen mag, zu reden, und damit fängt für sie ein neues Leben, eine neue Existenz an. In ungezählten Fällen haben wir das erlebt. Solche Menschen werden oft zu Dichtern; sie entwickeln eine nie geahnte Kreativität, sie zeigen Gaben und Fähigkeiten, die alles, was Herkunft und Bildung ihnen mitgegeben haben, weit hinter sich lassen.

Diese Entwicklung vollzog sich auf exemplarische Weise bei Beth. Einige ihrer Gedanken mögen zeigen, was für ein Mensch aus ihr geworden war:

»Es ist so schön, in der Sonne draußen zu gehen.
Es tut so gut, lebendig zu sein – und bewußt.

Ich habe einen Termin beim Friseur und einen beim Krebsspezialisten. Ich weiß, daß ich mich nach dem Besuch beim Friseur besser fühle als vorher. Beim Krebsspezialisten bin ich da nicht so sicher.

Wenn mein Leben ein Geschenk ist, warum kann ich es da nicht verausgaben, wie ich will?

Tödlich der zu lange währende Blick in die glühende Sonne.
Unsagbare Erleichterung der Schritt in den kühlen, dunklen Raum.«

Beth in ihrem Schlafzimmer

Sie war der Meinung, daß man nur Gefühle miteinander teilen kann, nicht aber bloße Worte:

»Einige Leute lesen, was ich schreibe. Sie meinen, sie kennten mich. Einige Leute fühlen, was ich schreibe. *Sie* kennen mich.«

Der Grund dafür, daß bei Patienten wie Beth solch eine überquellende Kreativität wach wird, ist wohl darin zu sehen, daß wir alle in der Tiefe unseres Wesens viele verborgene Begabungen haben, die aber allzu oft erstickt werden, weil wir unsere kostbare Energie gewöhnlich in materialistischen, im wahrsten Sinn des Wortes zu nichts führenden Kämpfen verschwenden. Sobald wir es fertigbringen, uns von unseren Ängsten zu befreien; sobald wir den Mut aufbringen, unser negatives Rebellieren in einen positiven Nonkonformismus zu verwandeln; sobald wir den Glauben daran gewinnen, daß wir uns über unsere eigene Angst, Scham, Schuld und Negativität erheben können, werden wir kreativer und freier leben als zuvor.

Als Beths Leib sich allmählich aufblähte, so daß sie wie eine Schwangere aussah, verlor sie sich nicht in Grübeleien darüber, nie ein Kind gehabt zu haben. Sie zog vielmehr ein lose hängendes, farbenfrohes Kleid an, steckte ihr Haar zu einem großen Knoten oben auf dem Kopf zusammen und sorgte mit Hilfe einiger Kosmetika dafür, daß ihr Gesicht größer erschien als zuvor. Bis zum letzten Tag ihres Lebens sah sie hübsch aus. Ihre Haut blieb fleckenlos, und so widerlegte sie die weitverbreitete Meinung, daß alle Krebspatienten häßlich aussehen und unangenehm riechen. Auch war sie nicht zu stolz, um zuzugeben, daß es einige Genüsse im Leben gab, auf die sie nicht verzichten konnte: So rauchte sie Zigaretten. Sie hatte es nie nötig, anders zu scheinen, als sie in Wirklichkeit war. Nie verbarg sie das, was sie wirklich dachte. Und so brauchte sie nie irgendwelche Scham- oder Schuldgefühle zu entwikkeln, mußte sie sich doch auch am Ende ihres Lebens nicht vorwerfen, daß sie sich eher nach der Meinung anderer als nach ihren eigenen Bedürfnissen gerichtet hätte.

Was Beth für ein Mensch war, erkennt man vielleicht am ehesten an der ihr eigenen träumerischen Sehnsucht nach einer Liebe, die es ganz selten nur gibt:

Du nahmst mich in die Arme, drücktest mich fest an dich und sagtest: »Wenn es stimmt, daß du nicht mehr lang zu leben hast, dann laß uns jeden Augenblick einer jeden Stunde gemeinsam leben. Ich liebe dich, und ich hätte mir gewünscht, daß wir zusammen alt werden; aber wenn

Beth drei Monate vor ihrem Tod

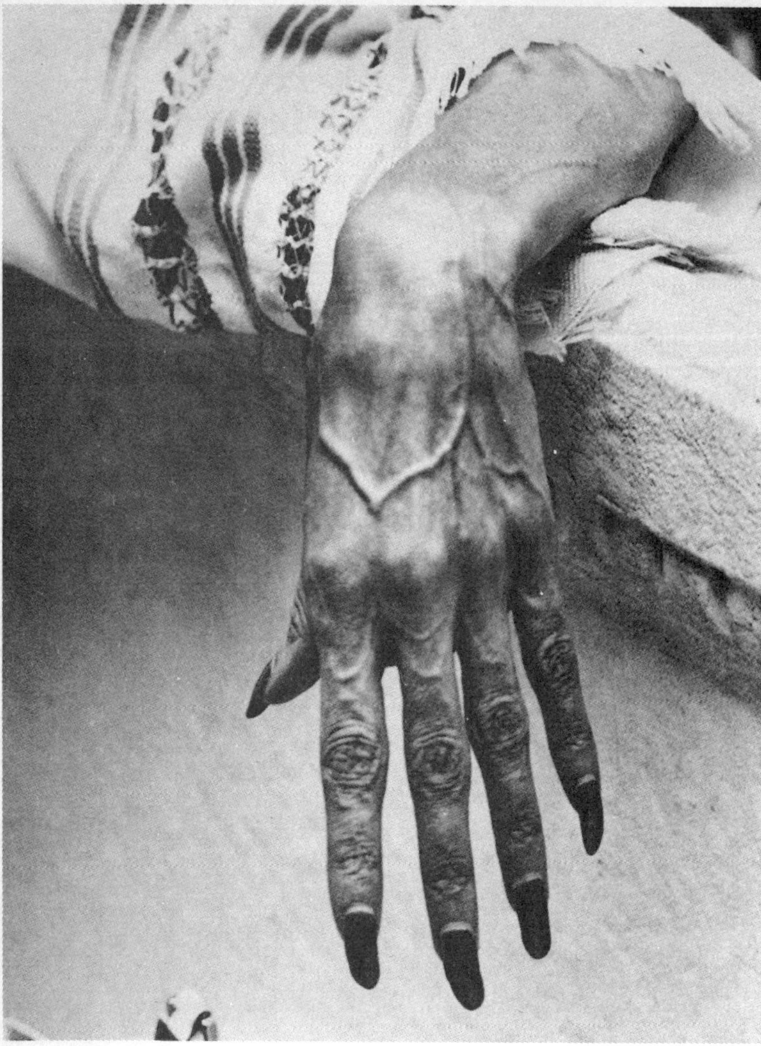

Die Hand von Beth

du mich verlassen mußt, will ich wenigstens so an dich denken, daß ich weiß, ich hatte ein besonderes Geschenk – für eine kleine Weile.«

So hätte es sein können.

An dem Tag, an dem ich aus dem Krankenhaus entlassen wurde, warst du vor Freude so aufgeregt, daß du viel zu früh kamst.
Du standest da und wartetest auf mich und hattest einen Riesenfliederstrauß im Arm und lächeltest mir zu – mit deinem besonderen Lächeln – und sagtest: »Ich bin gekommen, um dich heimzuholen, Liebes, jetzt fängt ein neues Leben an.«

So hätte es sein können.

Bisher gingen wir gewöhnlich jeden Abend aus, aber jetzt werde ich so schnell müde, und morgens werde ich früh wach und freue mich an den schönen Sommermorgenstunden. Du sagtest: »Ohne dich sind die Abende draußen leer und schal.« So lagen wir nebeneinander im Bett und hielten uns bei der Hand. Wir sprachen nicht viel, aber wir teilten die gemeinsame Zeit miteinander.

So hätte es sein können.

Auch denke ich an die langen Morgenspaziergänge, die wir gemacht haben. Wir erlebten alles mit neuer Bewußtheit. Wir entzückten uns am Duft des frisch gemähten Grases. Wir schüttelten den Kopf und lachten über uns, weil wir in früheren Zeiten kein einziges Mal dem Vogelgesang gelauscht hatten. Nichts und niemand kam uns häßlich vor, denn dies war das Leben, und was auch immer später kommen würde – wir waren uns darüber im klaren, daß wir etwas ganz Besonderes erlebten und daß es niemals von uns genommen werden könnte.

So hätte es sein können.

Als die Krebsgeschwulst in mir wuchs, wurde mein Körper unförmig und häßlich, aber es machte dir nichts aus. Du sagtest: »Ich liebe dich, so wie du bist, und deswegen erscheinst du mir immer schön.« Da erkannte ich, wie töricht ich war, und ich schlief ein, mit einem Lächeln auf dem Gesicht, weil ich wußte, daß deine Liebe sich nicht beirren ließ.

So hätte es sein können.

Wenn wir jetzt zusammen spazierengingen, war ich zwar wacklig auf den Beinen, aber ich wußte, ich würde nicht fallen, weil du da warst und mich hieltest. Wenn ich nachts aufwachte und vor Schmerzen schrie, warst du immer da, und du sagtest zu mir: »Halt noch einen Augenblick aus, Liebes, noch einen Augenblick.«

So hätte es sein können.

Manchmal sagte ich zu dir: »Warum gehst du denn nicht einmal allein oder mit deinen Freunden aus?« Und du sagtest: »Das wäre doch dumm von mir, ich habe doch dich. Ich habe Angst, daß mein Leben sehr leer sein wird, wenn du gegangen bist, deswegen will ich mich jetzt ganz von dir erfüllen lassen. Und so wirst du für immer mit mir leben.«

So hätte es sein können.

Einmal war ich so töricht, dir vorzuschlagen, du solltest dir eine andere Frau suchen. Du wurdest so böse, daß ich beinahe Angst bekam, aber im stillen tat es mir unendlich wohl, als du sagtest: »Du bist alles, was ich will oder brauche; keine andere Frau, ganz gleich, wie jung oder wie schön, könnte mir das geben, was ein einziger zarter Kuß deiner Lippen mir zu geben vermag.«

So hätte es sein können.

Dann kam der denkwürdige Tag, an dem wir erfuhren, daß es tatsächlich noch Hoffnung für mich gab. Es ist so merkwürdig, daß ich an jenem Tag zum ersten Mal Tränen in deinen Augen sah; aber deine Stimme jauchzte, als du zu mir sagtest: »Tief drinnen habe ich gewußt, daß du mir nicht genommen werden würdest, und dieses Wissen machte mich stark. Jetzt aber kennt meine Stärke keine Grenzen. Wir werden diesen Kampf gemeinsam kämpfen, mein Liebes, und wir werden ihn gewinnen. Eines Tages werden wir auf diesen Alptraum zurückschauen, dein Haar wird dann wohl grau sein, und ich werde keins mehr haben, aber unsere Liebe wird so feurig sein wie eh und je, und wir werden wissen, daß diese Zeit des Schmerzes und der Sorge ihre Mühe wert war, weil wir einander immer noch haben.«

So hätte es sein können.

Es tut hier nichts zur Sache, wie Beths Liebesleben in Wirklichkeit war. Die meisten Menschen kennen das eigentliche Wesen der Liebe sowieso nicht. Liebe kennt keine Bedingungen; Liebe will den anderen nicht binden und richtet keine Erwartungen an ihn. Das ist wohl die Art von Liebe, von der Beth träumte – von der Menschen, die so sind wie sie, auch träumen.

Nur allzu wenige Patienten lernen diese Liebe in ihrem Leben kennen, und das ist wohl die schwerste und doch die wichtigste Lektion, die wir alle zu lernen haben. Menschen wie Beth helfen uns dazu, wenigstens eine Ahnung davon zu bekommen, wie es wohl wäre, wenn wir tatsächlich erführen, was Liebe zu schenken vermag.

Beth glaubte an ein Leben nach dem Tode – nein, sie *wußte* darum.

Beth, an ein Kissen gelehnt

Sie sprach davon, daß sie die Erfahrung der Körperlosigkeit gemacht hatte, und meinte, der Tod sei wohl die Reise ohne Wiederkehr. Sie sprach mit ihrem toten Vater, während sie selbst schon nah am Tode war.

Sie schrieb auch ganz kurz vor ihrem Tod einen kurzen Gruß an ihren Vater:

»Hallo, Papa, du bist jetzt schon eine Zeitlang tot.	»Hi, Pop, you have been dead for some time now.
Angenommen, ich wüßte besser Bescheid . . . ? Wie lang willst du mich denn noch warten lassen?«	Supposedly I guess I know better – huh? How much longer will you make me wait?«

Beth auf dem Weg zum Arzt

Die letzte Seite in ihrem kleinen Gedichtbüchlein schließt so:

»Was kann ich mit dem Rest meines Lebens noch anfangen?
ES GANZ LEBEN! – LIVE ALL OF IT!«

Ja, Beth, du hast es ganz gelebt – alles –, und deswegen bist du für viele von uns ein Beispiel geworden. Wir danken dir dafür. Dein Dasein war ein Segen für uns, und wir werden immer an den letzten Abschiedsgruß denken, den du uns geschrieben hast:

»Stimmen flüstern: Beth, Beth,
des Bleibens ist nicht lang!
Hände fassen, ziehen mich
auf den neuen Pfad.

Und nicht länger sollen Qual,
Schmerz und Kummer sein.
Drum adieu! und lebe wohl!
Nimmer seh ich dich.«

»Voices whispering, Beth, Beth
You can no longer stay
Hands reaching out to grasp
Helping me on my way.

I'll no longer ache with sorrow
No longer feel this pain
So adieu and fare thee well now
I shan't see thee again.«

Redaktionelle Notiz: Die folgenden Gedichte stammen aus den Tagebüchern, die Beth während ihrer letzten Lebensmonate schrieb:

»Ich hatte
Seltsame Besucher
In der Nacht.
Sie kommen nicht mehr
Zu mir.
Ich vermisse sie.«

»I used to have
Strange visitors
In the night
They no longer
Come to me.
I miss them.«

»LIEBE
IST
Honigfarbenes Lachen
Bernsteinfarbenes Lachen
Scharlachrote Schwingen
Vor einem Hintergrund
Von frischgefallenem Schnee.
Sie tut
Seltsame
Dinge
Wie
Sterben.«

»LOVE
IS
Honeycolored laughter
Ambercolored laughter
Scarlet swings
Against a backdrop
Of freshly fallen snow.
It does
Strange
Things
Like
Dying.«

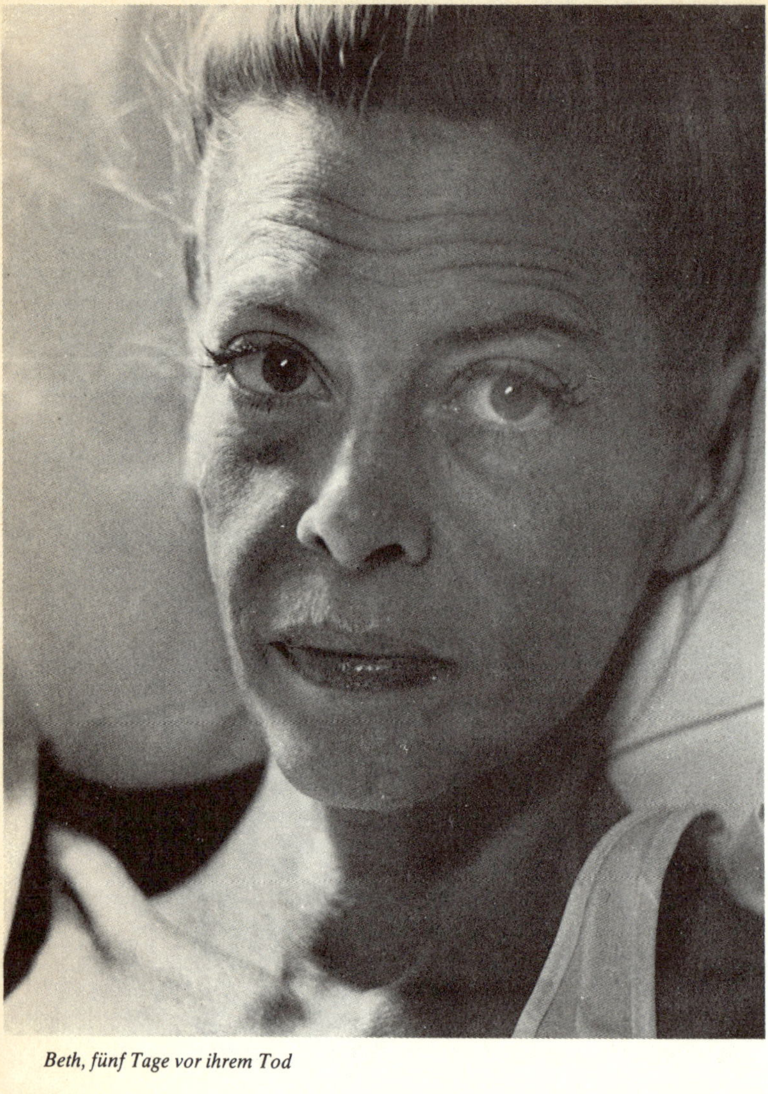

Beth, fünf Tage vor ihrem Tod

»Könnte ich mich an das erinnern,
  Was ich vergaß,
Und das vergessen,
  Woran ich mich erinnere
(mit Ausnahmen – natürlich),
So glaube ich,
  Es wäre besser für mich.
Aber ich bin nicht sicher,
An was ich mich erinnern . . .,
  Was ich vergessen sollte . . .«

»If could remember
  What I forgot
And forget what
  I remember
(with exceptions – of course)
I think
  It would be better for me
But, I'm not sure
What to remember . . .
  Or forget . . .«

»Demütigung liegt in den Händen
  Eines Geliebten,
  Eines
  Falschen Freundes.
Besser zu haben
  Den Stolz
Der Einsamkeit,
Ein trotziges Ende.«

»Humiliation lies in the hands
  Of a beloved,
  Of a
  False friend
Better to have the
  Pride
Of aloneness,
A defiant end.«

»Ich wünschte mir den Tod
Zu vielen Zeiten.
Dann starb ich
Für eine kurze Zeit.
Nun möchte ich sterben
Für einige Zeit.
Aber jetzt weiß ich:
Es wird sein
Für alle Zeit.«

»I used to wish for death
A lot of the time.
Then I died
For a little time.
Now I wish to die
Some of the time.
But, now I know
It will be
For all the time.«

»Es wächst eine Trauer
  In mir,
Ich will es nicht, aber
  Ich weiß es,
Ich weine vor Bitterkeit.
  Sie erfüllt mich.
Es schmerzt nicht so
  Wie gestern,
Es ist nur noch Raum
  Für gerade so viel Qual.
Was werde ich denn an
  Ihre Stelle setzen,
  Morgen?«

»There is a sadness growing
  Within me
I do not want it so, but
  I know
I cry with bitterness
  Filling me.
It does not hurt the way
  It did Yesterday
There is only room for
  Just so much sorrow.
What will I put in
  Its place
  Tomorrow?«

Toni, Beths beste Freundin, mit Beths Urne

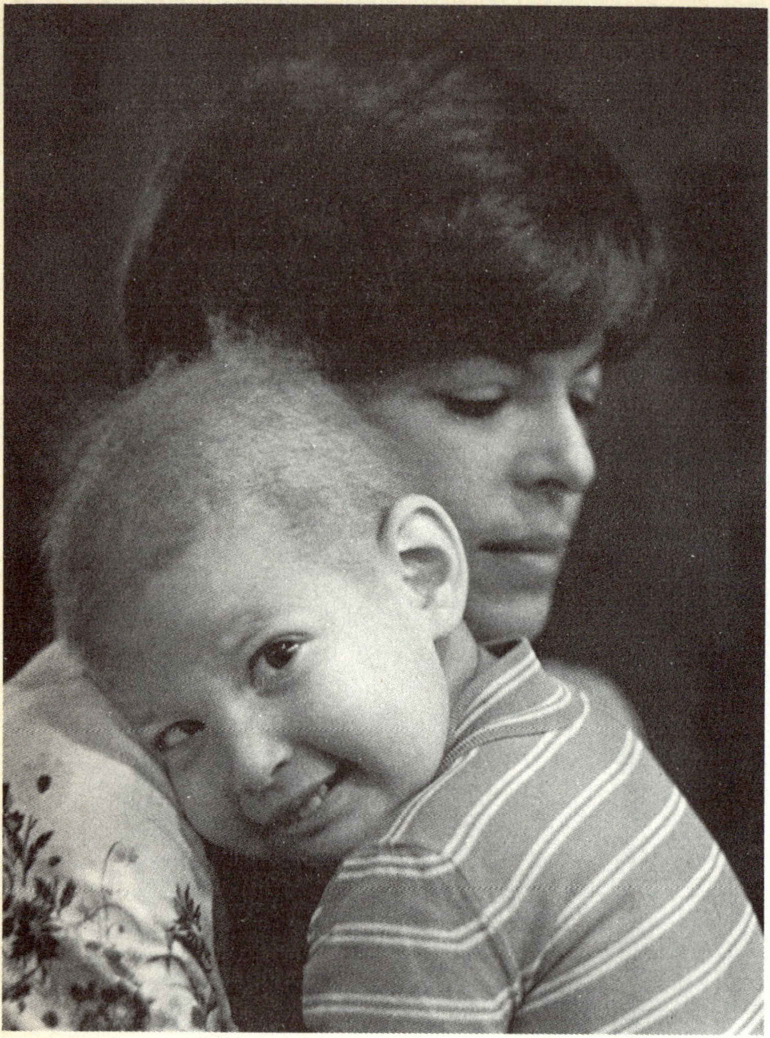

Linda mit ihrer fünfjährigen Tochter Jamie, nachdem Gehirntumor diagnostiziert ist

Jamie

Jamie wohnte in einem Vorort von New York. Sie war die einzige Tochter ihrer Eltern und hatte einen um zweieinhalb Jahre älteren Bruder. Ihre Eltern lebten getrennt, denn sie wollten sich scheiden lassen. Jamie war zu der Zeit knapp fünf Jahre alt. Bald nachdem die Eltern auseinandergegangen waren, zeigten sich die ersten verdächtigen Symptome bei dem Kind. Man diagnostizierte Gehirntumor, und zwar jene Art, die praktisch unheilbar ist. Die Mutter, Linda, nahm diese Diagnose zwar zur Kenntnis, aber sie konnte und wollte einfach nicht glauben, daß sie mit dem Tod ihres über alles geliebten einzigen Töchterchens zu rechnen hatte. Sie lebte ja jetzt allein mit ihren beiden Kindern. Und nur schwer konnte sie damit fertig werden, daß sie ihr fünfjähriges Kind, an dem sie so sehr hing, zur Bestrahlung und zur chemotherapeutischen Behandlung in die Stadt bringen mußte.

Auch Rusty, Jamies Bruder, hatte seine Probleme. Wenn er von der Schule heimkam, war kein Vater da, dafür aber eine kranke kleine Schwester und außerdem eine traurige und niedergeschlagene Mutter. Jamie hatte ihr schönes langes Haar verloren, und jedesmal, wenn Rusty mit ihr spielen wollte, bekam er zu hören, sie sei krank und er solle rücksichtsvoll und behutsam mit ihr umgehen. Er fing an, gegen diese ständigen Einschränkungen und Verlusterfahrungen aufzubegehren. Und es war ausgesprochen schwierig für ihn, mit all dem Unglück fertig zu werden, das da plötzlich über sein bisher so liebevoll behütetes Zuhause hereinbrach.

Jamie selbst merkte anscheinend kaum etwas von der Unruhe, die sie in ihre Familie brachte. Sie feierte ihren letzten Geburtstag, wie üblich, mit Freundinnen und Nachbarn. Alle überhäuften sie mit Geschenken. Mama hatte Geburtstagshüte gebastelt und auf jeden Hut den Namen des betreffenden Kindes geschrieben, und obwohl Jamie noch nicht richtig lesen und schreiben gelernt hatte, kannte sie doch schon die Buchstaben und wußte daher schon vorher, wie die Sitzordnung für ihre Freundinnen sein würde. Jamie selbst wurde von Linda auf eine Fensterbank gehoben, und da saß sie nun und hatte eine schöne Königskrone auf dem Kopf, packte nacheinander alle Geschenke aus, die die

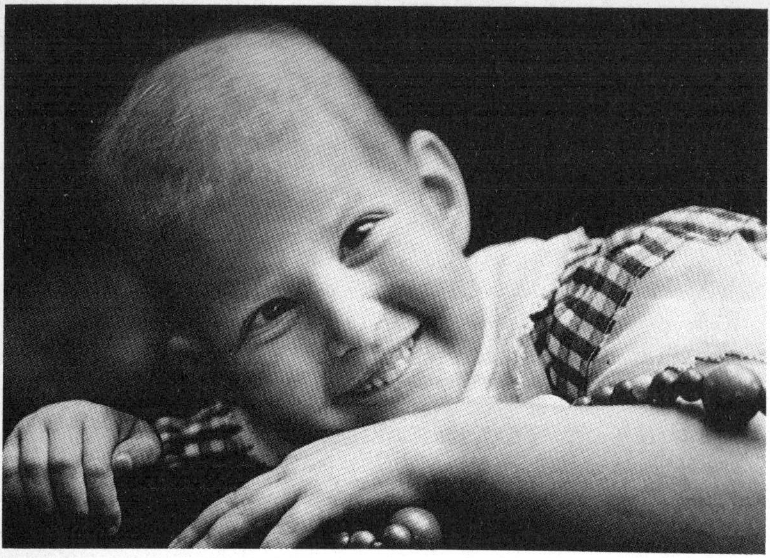

Jamie an ihrem fünften Geburtstag

Kinder gebracht hatten, und kam sich sehr wichtig vor. Keines der Kinder wußte, daß sie zum letzten Mal Jamies Geburtstag feierten und daß die Freude an den Geschenken nur von kurzer Dauer sein würde.

Es gab in diesem Raum nur einen einzigen Menschen, der das Unglück bewußt kommen sah: das war Jamies Mutter. Aber sie versuchte, aus diesem Festtag das Beste zu machen. Sie zog ihrer kleinen Tochter das karierte Lieblingskleid an und behandelte sie als die Königin des Tages und wußte doch dabei, daß es heute wohl das letzte Mal war, daß Jamie aufrecht sitzen konnte und noch genug Koordinationsfähigkeit hatte, um Päckchen aufzupacken und sich an Geschenken zu freuen.

Dann kamen die Wochen nach der Geburtstagsfeier. Wenn Rusty in der Schule war, konnte es ab und zu geschehen, daß Linda in einer ruhigen Minute Jamie in den Arm nahm und liebkoste. Es war ihr dann, als sähe sie zum ersten Mal diese wohlgeformten kleinen Ohren, die hohe Stirn, das Stupsnäschen und die vollen Lippen, die sich auf Muttis

Jamie packt Geburtstagsgeschenke aus

Jamie mit ihrem Bruder Rusty

Wangen preßten und sie küßten. Je kränker Jamie wurde, desto inniger wurde die Beziehung zwischen beiden. Denn Jamie hatte in zunehmendem Maße das Bedürfnis, sich zu ihrer Mutter zu flüchten, sie zu berühren oder einfach in ihrer Nähe zu sein. Es fiel Linda schwer, nicht mit Gott zu hadern, mit einem Gott, der es zuließ, daß über eine kleine Familie plötzlich ein solches Unglück hereinbrach. Linda konnte sich nicht vorstellen, daß sie einmal in diesem großen Haus allein sein würde. Draußen die Bäume stünden dann zwar noch da, und die Blumen würden auch noch blühen, aber Jamies Lachen wäre nicht mehr zu hören, und Linda würde auch nicht mehr sehen, wie Jamies Lieblingshund mit dem Schwanz wedelte, wenn Jamie eben einmal ins Haus kam, um die nassen Schuhe auszuziehen oder um einen Happen zu essen.

Bald gab es immer weniger normale Tage zu Hause und immer mehr Tage in der Sprechstunde des Arztes. Es fiel Linda ungemein schwer, die kleine Jamie ins Krankenhaus zu bringen und dort mitzuerleben, wie alle möglichen Untersuchungen mit ihr angestellt wurden: Sie mußte mitansehen, wie Jamie auf einem Stuhl festgehalten wurde und dann mit den Augen, deren Blickrichtung nicht mehr koordiniert war, einem Spiegel folgen mußte. Und dann stach man mit Nadeln in die dünnen Ärmchen, und es gab Tränen, und die Kleine streckte sich nach ihr aus und hoffte, Mama würde sie jetzt doch mit nach Hause nehmen – fort von all den Untersuchungen, die so weh taten. Schwer war es für Linda, das alles zu ertragen.

Bei alledem hatte Jamie noch Glück; denn sie wurde im Kinderkrankenhaus von New York behandelt. Hier hatten Ärzte und Schwestern nicht nur große Erfahrung im Umgang mit solchen kleinen Patienten, sondern sie waren auch den Kindern und ihren Angehörigen gegenüber ausgesprochen entgegenkommend und freundlich. Für Linda war das eine große Hilfe. Aber trotzdem tat es ihr weh, wenn sie zusehen mußte, wie man die Kleine in das Krankenhausbett legte, wie man dann die Seitenteile des Bettes hochklappte und feststellte und anschließend die Infusionsflasche anschloß. Es war völlig gleich, wie viele Teddybären und wieviel Spielzeug Linda ihrem Töchterchen ins Bett legte – Jamie wollte zu Hause sein, wollte zur Schule gehen und mit den Kindern aus der Nachbarschaft spielen, die zu ihrer Geburtstagsfeier gekommen waren. Es gibt nur ganz wenige Krankenhäuser, in denen man so freundlich und entgegenkommend ist wie im Kinderkrankenhaus von New York. Linda durfte bei Jamie bleiben und sogar mit ihr in einem Bett schlafen, wenn Jamie das brauchte. Und doch konnten alle diese Sondervergünstigungen weder den Schmerz noch die Qual lindern, die eine Mutter erleidet, wenn sie sich verzweifelt gegen die Erkenntnis zu wehren sucht, daß ihr Kind bald sterben muß.

Als Jamie erneut wegen mehrerer Untersuchungen ins Krankenhaus mußte, wurde Linda plötzlich von einer Woge tiefster Verzweiflung übermannt. Es kam über sie, während sie in einem kalten Flur zu warten hatte. Ihr Kind lag reglos neben ihr auf einer Matratze. Kein Mensch war da, der sie hätte aufmuntern oder ihr hätte Hoffnung geben können, keiner, der ihr sagen konnte, es würde schon alles gut werden. Im Gegenteil – nach einer weiteren Untersuchung des Gehirns, einer Computertomographie, teilte man ihr mit, daß es keine Hoffnung für ihre kleine Tochter mehr gab. Linda kannte das Bibelwort: »Bittet, so wird euch gegeben.« Sie hatte tausendmal um ein Wunder gebetet, aber offenbar gab es niemand, der ihr antwortete.

Zwar gab es einzelne Menschen, die sich um sie kümmerten – so zum Beispiel eine Krankenschwester namens Lee. Die stand ihr bei und antwortete ihr auf alle möglichen Fragen. Sie versuchte auch, Linda zu raten, wie sie sich am besten auf die Zeit vorbereiten könnte, wenn Jamie vielleicht noch einmal nach Hause entlassen würde. Sie zeigte ihr, wie das Absaugegerät und das Sauerstoffzelt funktionierten. Aber Linda wollte damit gar nichts zu tun haben. Schmerz und Qual schüttelten sie und ließen sie nicht los, und sie hatte einfach keine Lust mehr, das alles allein zu tragen. Versteinert saß sie da. Zurück nach Hause konnte sie nicht, sie konnte einfach nicht fortgehen von hier, von den Ärzten und Schwestern, die Jamie vielleicht retten konnten und die Sauerstoff für sie hatten, wenn sie aufhörte zu atmen. Und so blieb Linda im Flur des Krankenhauses sitzen. Sie wartete und wartete, sehnte sich nach Schlaf, sehnte sich nach Vergessen und wünschte brennend, sie könnte die Uhr zurückdrehen. Und doch war eines so unmöglich wie das andere. Statt dessen sah sie ihr krankes Kind – ihr Kind, das einst so gesund und glücklich gewesen war, das gelacht und gejauchzt hatte und fröhlich hin- und hergesprungen war. Hier lag es, in diesem Bett, mit stumpfem Blick und kahlem Kopf und mit einem Tumor, der ständig weiterwuchs.

Linda hätte am liebsten laut aufgeschrien vor ohnmächtigem Zorn. Aber in einem Krankenhaus gibt es keinen Ort, an dem man laut schreien kann. Sie hätte sich am liebsten vor allen Menschen versteckt. Aber dann hätte sich niemand um ihre beiden Kinder gekümmert. Sie sehnte sich danach, sich an einen anderen Menschen schmiegen und zu ihm sagen zu können: »Hilf mir doch!« Aber sie kannte niemanden, der ihr wirklich hätte helfen können. Zwar gab es Nachbarn, die ab und zu bei ihr hereinschauten und auch einmal für sie kochten, wenn dumpfe Trauer sie so gefangen hielt, daß sie das nicht selbst fertigbrachte. Auch hatte sie ein paar prächtige Freunde, die Rusty hin und wieder auf irgendwelche Unternehmungen mitnahmen, damit wenigstens er ab und zu ein wenig Spaß hatte. Aber in ihrem eigenen Leben gab es überhaupt nichts zum Freuen, und alle Freundlichkeiten anderer Menschen änderten nichts daran, daß sie sich zutiefst verlassen fühlte.

Schließlich kam der Tag, an dem sie Jamie mit nach Hause nehmen durfte. Sie machte ihr in ihrem eigenen Schlafzimmer auf einem Sessel ein Bett zurecht. Ihr Lieblingshund saß an ihrem Fußende, und Linda selbst verbrachte von jetzt an so viel Zeit wie nur irgend möglich bei ihrem Töchterchen.

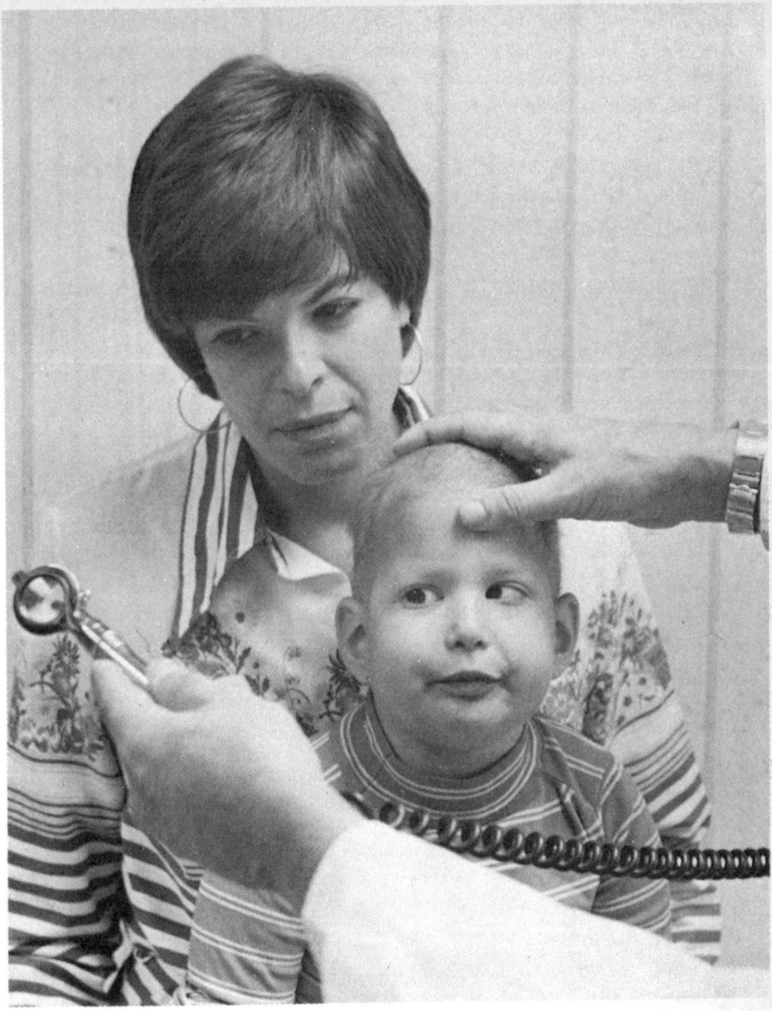

Jamie und Linda während einer Untersuchung

Es war kalt draußen, und es schien ihr, als sei deswegen auch das ganze Haus kalt. Es war kein Leben mehr darin. Rustys Schwierigkeiten verstärkten noch Lindas Reizbarkeit. Sie hatte keine Geduld mit ihm, obwohl sie im Grunde wußte, daß auch er jemanden brauchte, der sich um seine Probleme kümmerte. Und so waren beide am Ende ihrer Kraft, verzweifelt, allein. Zu diesem Zeitpunkt erhielt Linda einen Telephonanruf von Mal Warshaw, der mit einem ihrer Freunde bekannt war. Mal Warshaw kündigte meinen Besuch an. Linda hatte zwar schon irgendwann von meiner Arbeit gehört, aber das war zu einer Zeit gewesen, als Fragen von Tod oder Sterben für sie noch ohne Bedeutung gewesen waren.

Ende Februar 1977 klingelte es an der Haustür, und Mal und ich kamen herein, als wären wir alte Freunde der Familie. Linda und Rusty saßen beieinander in Jamies Zimmer. Obwohl Jamie seit einigen Tagen merklich passiver geworden war, gelang es uns doch ohne allzu große Mühe, sie dazu zu bringen, ein Bild für uns zu malen und dafür ihre Lieblingsfarben auszusuchen. Wie die meisten Mütter bei derartigen Besuchen, erwartete auch Linda, wir würden uns nun mit ihr in ein anderes Zimmer zurückziehen, um Prognose und Behandlung mit ihr durchzusprechen. Sie hatte sich innerlich auf jene Art von Gespräch eingestellt, die man mit Psychiatern zu führen pflegt, und im Grunde hatte sie kaum Hoffnung, daß auch nur eines ihrer konkreten Probleme wirklich gelöst werden würde. Sie war völlig sprachlos und überrascht, als wir kein Gespräch anfingen, sondern sie aufforderten, sich zu ihrer Tochter zu setzen und ebenfalls ein Bild zu malen. Sie brachte dieselben Einwände vor, die auch die meisten anderen Erwachsenen in diesem Fall geltend machen: »Ich kann nicht malen. Ich habe seit langem nichts mehr gemalt...« Aber keine Entschuldigung half. Sie mußte ein Bild malen, ganz gleich, was es offenbaren würde.

Und während sie ein Bild von ihrem trostlosen, düsteren, verlassenen Haus malte, ein Bild, das in Wirklichkeit ihren eigenen abgrundtiefen Schmerz und ihre Verlorenheit ausdrückte, saß Jamie da, glückstrahlend, selig, eifrig, und bediente sich aller Farben, deren sie nur habhaft werden konnte. Sie malte Figuren, eine nach der anderen, gelegentlich miteinander verbunden, gelegentlich unverbunden. Nur im linken oberen Quadranten ihres Blattes sah es anders aus: Da schwebte ein einzelner purpurroter Luftballon – Purpurrot ist die Farbe der Vergeistigung –, und er schwebte frei hinauf zum Himmel, an nichts gebunden, von niemandem gehindert. Jamie hatte keine Ahnung davon, daß wir uns hier einer Methode bedienten, die von Susan Bach entwickelt worden ist, einer Londoner Analytikerin aus der Schule Jungs, die zwar einen berühmten Namen hat, aber im Grunde noch viel zuwenig

Linda im Kinderkrankenhaus während Jamies Gehirnuntersuchung

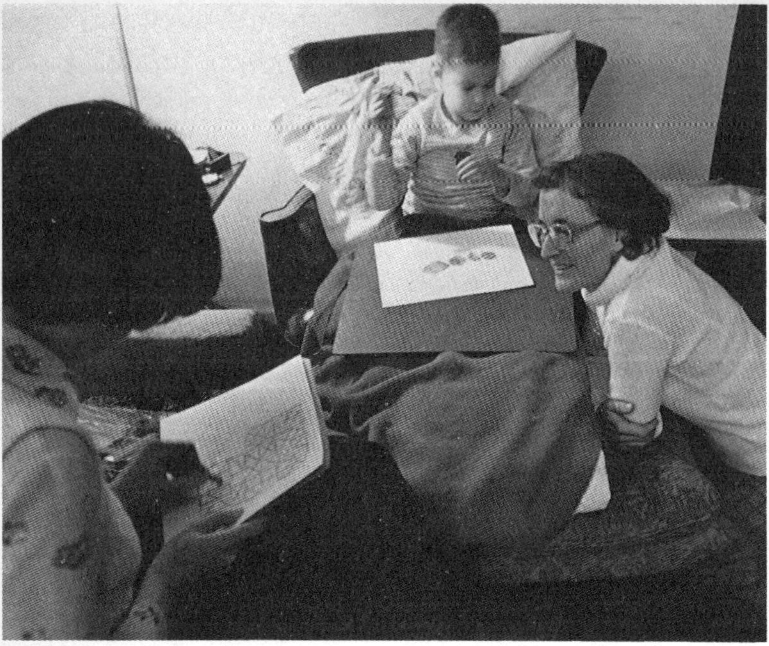

Linda und Jamie mit Elisabeth Kübler-Ross während des ersten Besuchs

bekannt ist. Diese Methode eröffnet einen Zugang zu der tieferen Bedeutung von Bildern, die von todkranken Kindern gemalt worden sind. Wichtig ist, daß die Kinder beim Malen völlig frei wählen können, welche Farben, Formen und Gestaltungsweisen ihnen angemessen erscheinen. Ihre spontan entstandenen Bilder lassen dann sehr wohl erkennen, daß sie von ihrem bevorstehenden Tod wissen. So können sie denjenigen Menschen, die ihre Symbolsprache verstehen, vermitteln, wie sie ihre Krankheit, ihr Leben und ihre Zukunft sehen. Der Quadrant oben links weist dabei immer auf die fernere Zukunft und den Tod hin.

Jamies Bild nun vermittelte gerade in diesem Quadranten eine Vorstellung vom Tod, die sich deutlich von der Art der Darstellung in anderen Teilen des Bildes unterschied: Wer Augen hatte, zu sehen, erkannte betroffen das Fehlen jeglicher Furcht und den Verzicht auf jedes ängstliche Sich-Festhalten. Ebenso stark war für den Betrachter aber auch der Eindruck einer tiefen Vergeistigung. Linda war völlig überwältigt, als ihr klar wurde, wie viel sowohl Jamies als auch ihr eigenes Bild offenbarten, und sie stimmte der von uns gegebenen Interpretation weitgehend zu. Dieses Bild half ihr schließlich, loszulassen. Und wenn ihr in den folgenden Tagen die Dinge über den Kopf wuchsen, dann setzte sie sich an den Küchentisch, an dem wir miteinander Kaffee getrunken hatten, und betrachtete immer wieder das Bild, das sie am Kühlschrank befestigt hatte. Jetzt war sie sich ihrer eigenen Ängste bewußt. Jetzt war sie sich auch darüber im klaren, daß sie noch nicht imstande war, Jamie wirklich loszulassen, während Jamie selbst innerlich bereits Frieden hatte und von ihrem bevorstehenden Weggehen wußte.

So konnte ich Linda zeigen, wie sich Jamies Gedanken in ihrem spontan gemalten Bild darstellten. Ich konnte für sie auch ihr eigenes Bild interpretieren und ihr deutlich machen, wie einsam sie sich in ihrem Haus fühlte – in diesem Haus, in dem es keinen Menschen gab, kein Kaminfeuer, keinen Rauch; in diesem Haus, zu dem kein Pfad führte; in diesem Haus, das eher einem Gefängnis als einem Zuhause glich. Es war für Linda eine große Erleichterung, daß sie, auch ohne viele Worte, ihren Kummer mit einem anderen Menschen teilen konnte. Und so konnte sie uns am Ende tatsächlich lächelnd auf Wiedersehen sagen! Der ganze Besuch dauerte nur anderthalb Stunden, und obwohl mich die Reise von meiner Wohnung in Flossmoor nach New York und wieder zurück einen ganzen Tag kostete, wußte ich doch, daß diese eineinhalb Stunden es wert waren. Denn sie genügten, um Lindas innere Reserven zu mobilisieren und sie so weit zu bringen, daß sie die folgenden Monate durchstehen konnte.

Es gibt mehrere Gründe dafür, daß wir Linda in so kurzer Zeit so viel helfen konnten. Zum einen ist es so, daß man nach längerer Tätigkeit auf diesem Gebiet vielfach intuitiv spürt, welche Bedürfnisse ein Patient oder seine Angehörigen haben. Daher können wir alle Hinweise, die wir von ihnen erhalten, sofort aufnehmen, und zwar sowohl die direkten als auch die nonverbalen, symbolischen Hinweise. Dabei sind natürlich auch die Bilder des Patienten und eventuell auch die Bilder, die Eltern, Kinder oder Geschwister gemalt haben, von Bedeutung. Zum anderen – und das ist vielleicht noch wichtiger – haben wir, die wir solche Patienten besuchen, keine Ängste und sind in Gespräch und Umgang auf keinerlei Formalitäten angewiesen. Wir kommen sofort zur Sache, und wenn uns irgend etwas nicht klar ist, dann fragen wir

Elisabeth Kübler-Ross interpretiert Jamies Bild für Linda

einfach ohne Umschweife den Patienten selbst. So kommt es mit uns nie zu einer nur oberflächlichen Unterhaltung, und ebensowenig halten wir uns mit Gesprächen der Art auf, wie sie so oft bei Visiten und Untersuchungen im Krankenhaus geführt werden. Da wir uns nicht mehr um aktive medizinische Behandlung zu kümmern haben, haben wir auch buchstäblich nichts mehr zu fragen, es sei denn, wir fragen nach dem, was den Patienten beschäftigt oder umtreibt oder auch vielleicht nicht zur Ruhe kommen läßt. Damit wären wir beim Thema »unerledigte Dinge«.

Wenn ein Patient sich nicht mehr mit Unerledigtem herumzuquälen braucht, dann ist er von einem Gefühl des Friedens und der Harmonie getragen – von dem Gefühl nämlich, daß er alles getan hat, was zu tun nötig war. Er fühlt sich so ähnlich wie eine Hausfrau, die abends ihre Kinder zu Bett gebracht hat. Das Geschirr ist gespült, der Eßtisch abgeräumt, und sie weiß, daß alles getan ist, was sie hat tun wollen und was sie sich für diesen Tag vorgenommen hatte. Jetzt kann sie duschen und zu Bett gehen. Irgendwie ist sie auch ein wenig stolz. Sie hat das Gefühl, daß sie heute etwas geleistet hat und daß es also ganz in Ordnung ist, wenn sie nun zu Bett geht. Dieses Gefühl meine ich, wenn ich davon rede, daß ein Patient »alles erledigt« hat.

Während meines Besuchs erzählte ich Linda von meiner bevorstehenden dreiwöchigen Vortragsreise nach Australien. Dort würde ich anderen Müttern begegnen und mit ihnen darüber sprechen, welche Möglichkeiten der Pflege es in einem solchen Fall, wie es auch der Fall Jamies war, überhaupt gibt. Ich sprach mit Linda darüber, daß es natürlich die Möglichkeit gab, Jamie wieder ins Kinderkrankenhaus zu bringen und dort sterben zu lassen. Sie hätte dann bis zuletzt eine ausgezeichnete medizinische Behandlung. Wir waren uns aber auch darüber im klaren, daß sich Linda gegebenenfalls für eine andere Möglichkeit entscheiden konnte: nämlich Jamie zu Hause sterben zu lassen. Ich erzählte ihr von anderen Müttern, die ihre Kinder nach Hause genommen hatten. Sie hatten es fertiggebracht, das Wohnzimmer in ein Krankenzimmer zu verwandeln, und ihr krankes Kind konnte nun nah an einem Fenster liegen oder sitzen, es konnte die ersten Frühlingsblumen beobachten – und auch die letzten Schneeflokken –, es konnte sehen, wie der Briefträger zur Haustür kam oder auch der Bruder oder die Schwester. Wenn Linda das täte, dann könnte Jamie sehen, wie Mama in der Küche kochte oder putzte; mehr noch, sie könnte fast zu jeder Tages- oder Nachtzeit einen liebevollen Menschen um sich haben. Wir erklärten Linda, daß das Wohnzimmer auch deswegen geeigneter ist als ein Schlafzimmer, weil Kinder mit einem Schlafzimmer oft ungute Gefühle verbinden: Erwachsene haben nämlich gelegentlich die Neigung, Kinder mit Ermahnungen wie »Wenn du dich wieder anständig benimmst, kannst du rauskommen« in ihr Schlafzimmer zu verbannen.

Ich empfahl Linda auch, ein breites Bett zu kaufen. Dann könnte sie mit der Kleinen das Bett teilen, und Jamie könnte in ihren Armen einschlafen. Wenn sie zwischendurch einmal die Augen aufmachte, wäre Mama immer noch da. Ich habe die Erfahrung gemacht, daß Mütter kranker Kinder auf diese Weise selbst zur Ruhe kommen, weil auch ihnen die körperliche Nähe ihres Kindes gut tut. Außerdem bleiben sowohl der Mutter als auch dem kleinen Patienten die Unbequemlichkeiten erspart, die entstehen, wenn sich ein Erwachsener in ein Kinderbett zwängt.

Linda und ich besprachen sodann, welche Komplikationen in Jamies Zustand möglicherweise auftreten konnten: Atemnot, Krämpfe, Angewiesensein auf ein Sauerstoffgerät. Wir unterhielten uns darüber,

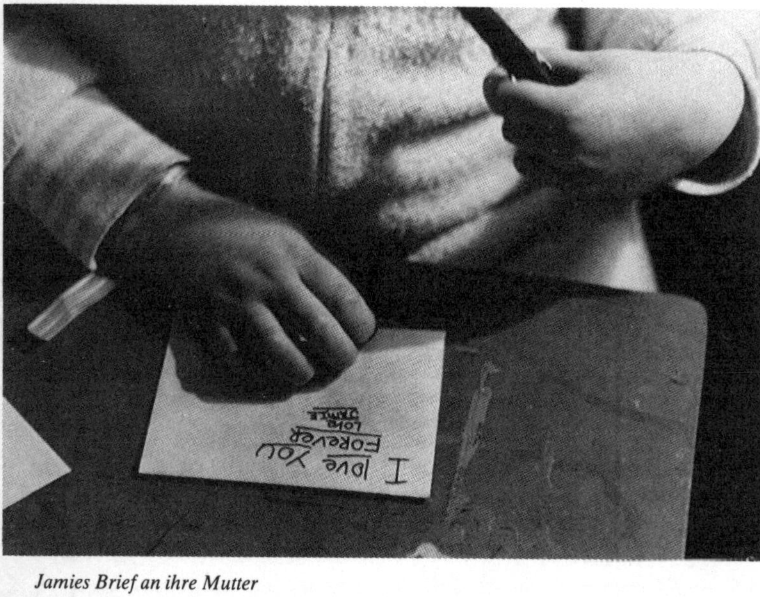

Jamies Brief an ihre Mutter

Linda und das Stück Gummischlauch

daß es gut wäre, wenn man Jamie dahin bringen könnte, wenigstens einen Teil der für ihren Körper notwendigen Flüssigkeit mit dem Mund zu sich zu nehmen und auf diese Weise Infusionen, Transfusionen und ähnliche Dinge, die mit Nadelstichen und Schmerzen verbunden waren, weitgehend zu vermeiden. Wir ermunterten Jamie auch, weiterhin für ihre Mama Briefe zu schreiben und Bilder zu malen. Und ohne zu wissen, was sie tat, schenkte Jamie Linda zwei Dinge, die wohl jede Mutter gern von ihrem Kind bekäme. Das eine war ein Brief, in dem sie schrieb: »Ich werde dich immer lieb haben. Deine Jamie.« Und das andere war jenes spontan gemalte Bild mit dem roten Luftballon im oberen Quadranten, der so deutlich zeigte, daß Jamie selbst sich loslassen und gleichsam frei hinauf zum Himmel schweben konnte.

Ja, Jamie hatte ein Wissen um ihren Tod und um ein Leben nach dem Tode, und sie hatte keine Angst. Auch Linda wurde sich langsam dieser Tatsache bewußt. Und weil sie nun gewiß war, daß Jamie in Frieden und mit Gelassenheit diesem Hinübergehen entgegensah, wurde Linda getröstet und schöpfte daraus die Zuversicht, daß auch sie selbst genügend Kraft haben würde, alles durchzustehen.

Trotzdem gab es für Linda – wie für die meisten Mütter in dieser Situation – noch ein großes Problem: Natürlich brannten in ihr immer noch Schmerz, Qual und auch Wut, und doch konnte sie ihrem Herzen nie richtig Luft machen, sondern mußte das alles immer in sich hineinfressen. Um ihr zu helfen, es loszuwerden, schickte ich ihr ein etwa einen halben Meter langes Stück von einem Gummischlauch. Ich schrieb ihr, sie sollte sich ein stilles, sicheres Plätzchen im Haus suchen, und wenn Jamie schlief und ihr Sohn in der Schule war, sollte sie dort ihren Zorn austoben. Dort könnte sie dem Gefühl, daß sie vom Schicksal unfair behandelt würde und daß ihr zu viele Verluste zugemutet würden, ebenso Raum geben wie ihrem Hader mit Gott. Dort könnte sie ihrer Wut freien Lauf lassen, und niemand würde ihr einen Vorwurf daraus machen oder deswegen Schuldgefühle in ihr wachrufen.

Ein Gummischlauch bietet sich für diesen Zweck an, weil er billig und überall zu haben ist, weil er in jeder Tasche Platz hat und weil man sich seiner an jedem Ort bedienen kann. Hinzu kommt, daß die Kraft unserer Arme plötzlich sehr viel größer ist, wenn wir einen solchen Schlauch in der Hand haben und uns dabei vorstellen, daß wir tatsächlich voll Erbitterung und Wut auf einen anderen einschlagen. Wenn man keinen Gummischlauch auftreiben kann, genügt auch ein zusammengerolltes Handtuch, und zur Not tun es auch die Fäuste. Das Schlimmste, das einem mit einem Gummischlauch passieren kann, ist, daß man am Ende ein paar Blasen an den Fingern hat. Der Sinn dieser Sache liegt aber vor allem darin, daß der Patient oder irgend jemand aus seiner Familie immer dann zum Schlauch greifen kann, wenn er von ohnmächtigem Zorn über sein ungerechtes, schweres Schicksal überfallen wird. Dann kann er wild auf eine Matratze oder ein Kopfkissen oder auf eine Couch losschlagen, das heißt auf irgendein Objekt, das in diesem Augenblick an die Stelle der Person tritt, gegen die sich sein Zorn eigentlich richtet. So kann er seiner Wut freien Lauf lassen, er kann sie austoben und hinausschreien, ohne einem anderen dabei weh zu tun.

Mit Hilfe dieser Methode gelang es Linda, wie vor ihr schon anderen, sich ihrem Zorn und ihrem Schmerz zu überlassen und dann bei ihrem todkranken Kind um so friedlicher und gelöster zu sein. Sie konnte sich auf diese Weise sogar damit abfinden, daß Jamie noch einmal zu einer letzten Behandlung ins Krankenhaus mußte. Man versuchte es noch einmal mit einer Platinbehandlung, die zwar nicht den Tumor als solchen beeinflussen, aber – wie die Ärzte hofften – wenigstens vielleicht sein Wachstum verlangsamen und Jamie etwas mehr Lebenszeit

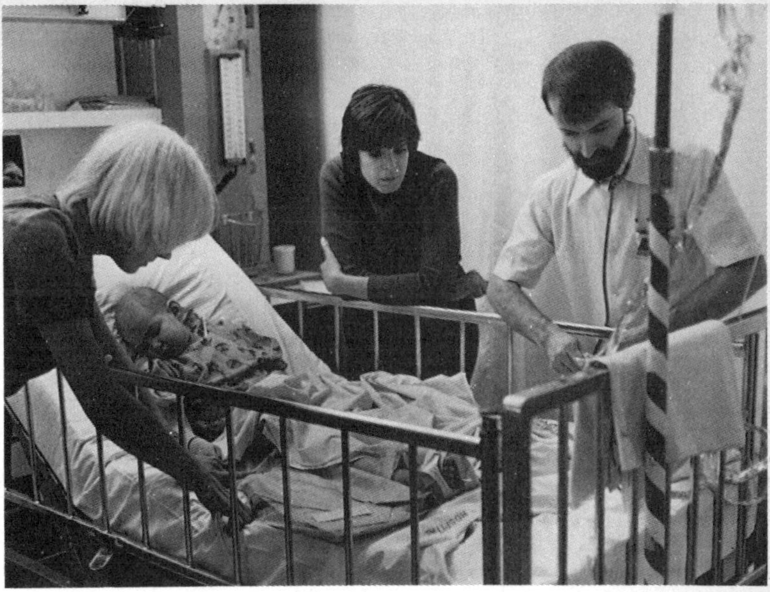

Jamie und Linda im Kinderkrankenhaus bei der letzten Behandlung

schenken konnte. Aber die Infusion half nichts. Stundenlang saß Linda über das Gitter des Bettchens gebeugt und betrachtete ihr dösendes, schläfriges Kind und kämpfte gegen ihr eigenes Bedürfnis nach Ruhe und gegen den heftigen Wunsch, diese Last doch an eine Institution und an das für solche Dinge ausgebildete Personal zu übergeben. Aber gleichzeitig sehnte sie sich danach, Jamie mit heimzunehmen und einfach nur in den Armen zu halten und sie in Frieden sterben zu lassen – ohne Injektionsnadeln, ohne Apparate und technische Geräte, ohne fremde Leute, ohne Scham und Zweifel, ohne fremde Umgebung.

Dieser letzte Krankenhausaufenthalt wurde für Linda zum wohl schwersten Kampf ihres Lebens. Es gab Augenblicke, da konnte Jamie die Augen öffnen und sie stumm und anklagend anschauen: »Mama, warum müssen uns die Erwachsenen so krank machen, wenn wir doch gesund werden sollen?« Sie sprach diese Gedanken nicht aus, sie blickte Linda nur an, und Linda schloß die Augen und seufzte und versuchte,

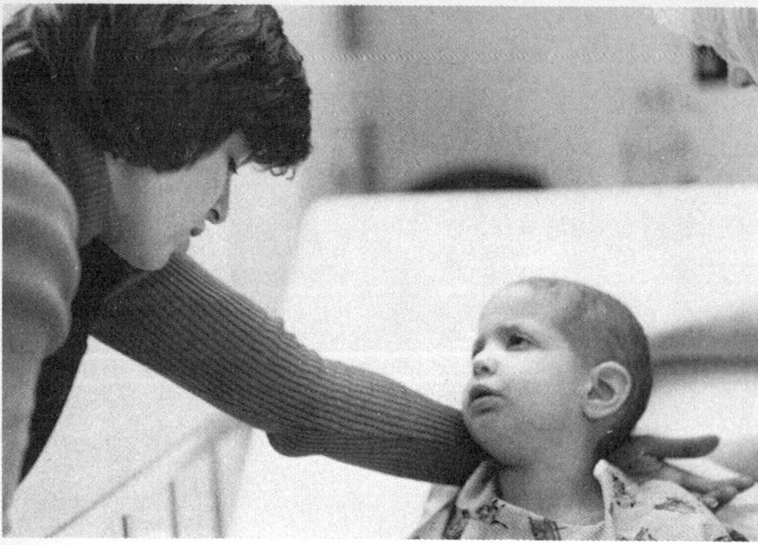

Linda und Jamie im Kinderkrankenhaus

sich zu einem Entschluß durchzuringen: Was sollte mit Jamie geschehen? Wo sollte sie ihre letzten Lebenstage verbringen?

Es gab auch Augenblicke, in denen Jamie den Kopf auf Lindas Arm legte und still liegen blieb, und Linda hätte alles darum gegeben, wenn sie gewußt hätte, was ihre kleine Tochter eben dachte. Dann gingen ihre Gedanken zurück zu dem Bild mit dem purpurroten Luftballon. Und sie wußte, wenn Jamie überhaupt irgendwie beunruhigt war, weil sie sterben mußte, dann war es eine Unruhe, die ihre Mama betraf und den Schmerz, den sie all denen zufügte, die sie liebhatten. Nicht ihr eigenes Fortgehen bereitete ihr Angst oder Sorge, nein, der Kummer, den die Erwachsenen verbal oder nonverbal zum Ausdruck brachten, belastete sie. Schließlich gab das Bild mit dem purpurroten Luftballon den Ausschlag – und wohl auch das Gespräch mit uns, in dem wir ihr Mut gemacht und mit ihr davon geträumt hatten, wie es wohl wäre, wenn Jamie zu Hause im Wohnzimmer in einem breiten Bett unter dem großen Sonnenfenster läge: Linda faßte sich ein Herz und beschloß, Jamie nach Hause zu holen.

Jamie war begeistert. Sie durfte nach Hause zu ihrem Lieblingshäschen und zu ihren liebsten Spielsachen! Ihr Hund würde auf sie warten, ihr Bruder würde von der Schule heimkommen, und wenn ihr sein lautes und nicht immer rücksichtsvolles Benehmen sicher auch manchmal zu viel sein würde, so wäre es doch schön, ihn um sich zu haben, ihn zu sehen und zu hören und dabei auch zu wissen, daß Mama ja noch dieses Kind zu Hause hatte. Dieses Kind würde bei ihr bleiben, es würde Mama manchmal zum Lachen bringen, und sie könnte mit ihm spielen und könnte erleben, wie es groß und erwachsen würde. All das war ein Trost für die kleine Jamie.

Und für Rusty war es auch ein Trost. Jamie schrie und lachte und spielte zwar nicht mehr viel. Aber sie war zu Hause, und das bedeutete, daß Mama nicht mehr in New York zu sein brauchte und daß Rusty nicht mehr ständig von Verwandten, Nachbarn oder Freunden versorgt

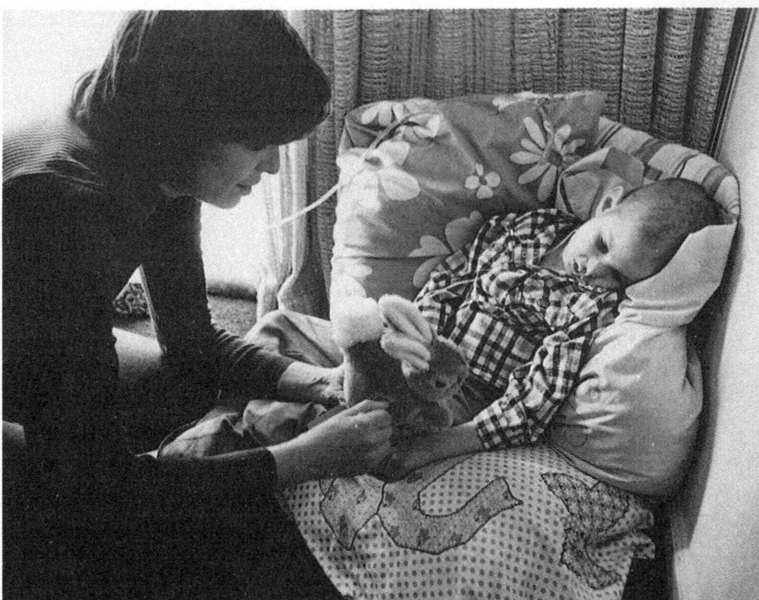

Linda und Jamie zu Hause mit Jamies Lieblingshäschen

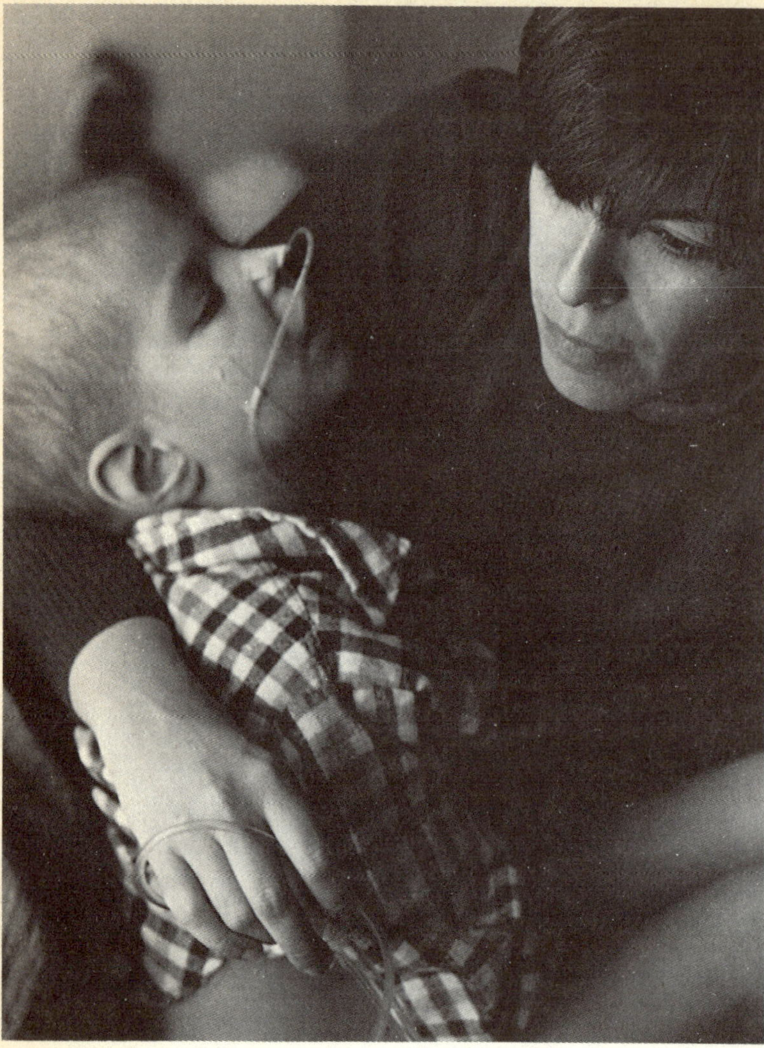

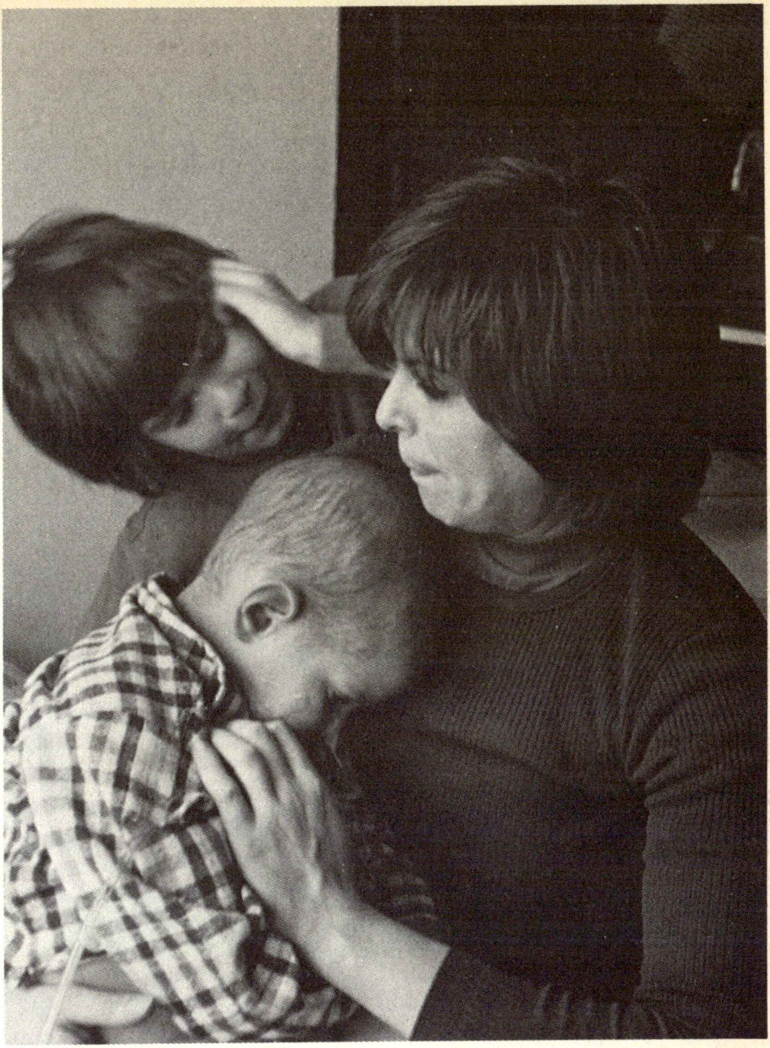

werden mußte. Hinzu kam, daß er nun nicht mehr von der Krankheit seiner Schwester ferngehalten wurde, wie das den Geschwistern schwerkranker Kinder sonst meistens geschieht. Nein, wenn er von der Schule nach Hause kam, sah er schon, bevor er die Haustür aufmachte, Lindas Gesicht hinter der großen Fensterscheibe. Er sah, wie sie auf dem breiten Bett lag und seine kleine Schwester im Arm hielt. Und meistens lächelte sie dabei – Kummer- oder Sorgenfalten sah er selten.

Ende März, als wir uns gerade vorgenommen hatten, einen weiteren Besuch bei Linda zu machen, rief diese uns an und sagte stolz: »Wir haben's geschafft!« »Wir haben's geschafft« – das bezog sich natürlich darauf, daß sie sich ein Herz gefaßt und gewagt hatte, Jamie nach Hause zu holen. Nun war sie stolz darauf. Sie hatte tatsächlich das große Bett unter das Fenster gestellt, und nun konnten sie zusammen beobachten, wie der letzte Schnee fiel, wie die Bäume langsam grün wurden und wie

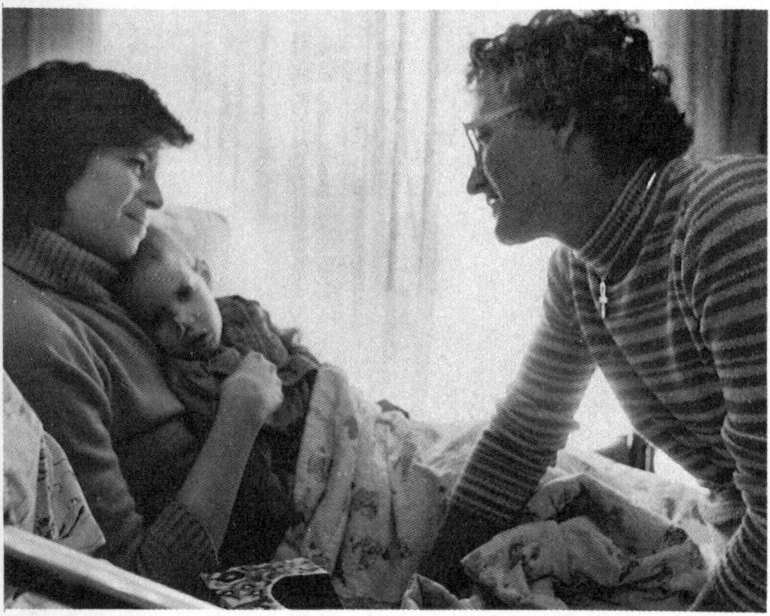

Linda und Jamie mit Elisabeth Kübler-Ross bei deren zweitem Besuch

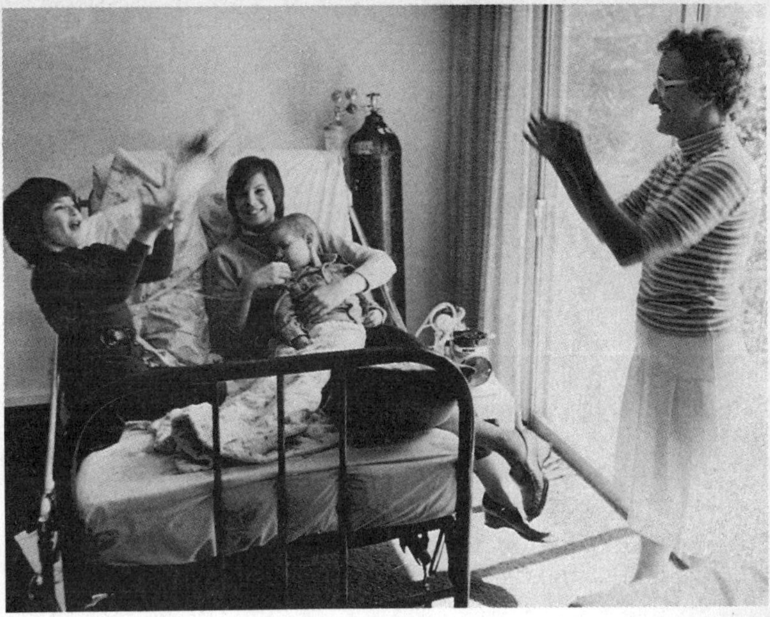

Elisabeth Kübler-Ross beim Spiel mit Rusty

die warmen Sonnenstrahlen die ersten Frühlingsblumen aus der Erde riefen. Lindas Gesicht war jetzt nicht mehr von Schmerz, Qual oder Bitterkeit gezeichnet, nein, es war friedlich, gelöst und in gewisser Weise auch stolz. Jamie spürte das, und sie konnte sich nun allmählich in einen anderen Bewußtseinszustand hinübergleiten lassen. Nur gelegentlich öffnete sie noch die Augen, um sich zu vergewissern, daß Mama immer noch bei ihr war.

Bei unserem zweiten Besuch bewegte mich am meisten das Wiedersehen mit Rusty. Das war kein schwieriger, problembeladener Bub mehr, der da nach Hause kam. Stolz war er, und er sprang sofort auf Mamas Bett und fing an, mir Jamies Stoffhäschen zuzuwerfen. Er lachte und freute sich, und niemandem kam es mehr in den Sinn, daß das harmlose Spiel über die Köpfe von Mama und Jamie hinweg seiner kleinen Schwester Schaden zufügen könnte. Nachdem wir eine kleine Weile miteinander gespielt hatten und Rustys Bedürfnis nach Auf-

Rusty hilft bei Jamies Beatmung

merksamkeit, Zuwendung und Spaß gestillt war, hopste er aus dem Bett und sagte großartig: »Jetzt muß ich arbeiten!« Er ging an die andere Seite des Bettes zu Jamie und hantierte voller Stolz mit dem Absaugegerät. Er wollte damit nicht nur zeigen, daß er das Gerät bedienen konnte, sondern vor allem, daß auch er eine wichtige Rolle bei Jamies Pflege spielte. Nachdem er Nase und Mund seiner kleinen Schwester abgesaugt hatte, nahm er die Sauerstoffflasche und gab ihr etwas Sauerstoff – auch dies wieder einfach, um zu zeigen, daß er Manns genug war, für seine Schwester zu sorgen, und daß Mama sich ausruhen und Jamie im Arm halten konnte, während er sich um die technischen Dinge kümmerte. Als Rusty damit fertig war, ging er in die Küche, um eine Kleinigkeit zu essen, und dann machte er sich an seine Hausaufgaben – voll Befriedigung darüber, daß auch er sein Teil zu den letzten Liebesdiensten für sein Schwesterchen beitragen konnte.

Dieser letzte Besuch bei Linda machte uns deutlich, daß die Tapferkeit und die Liebe dieser Mutter es ihrer kleinen Tochter ermöglichten, in Frieden und Ruhe zu sterben – ohne Angst, Qual oder Schmerz. Und so wie Jamie einige Jahre zuvor kurz nach ihrer Geburt von den Armen einer liebevollen Mutter umfangen worden war, so konnte sie jetzt – von denselben Armen gehalten – hinübergehen in eine andere Seinsweise. Und dort würde sie auf ihre Mutter warten, bis auch für diese die Zeit des Übergangs gekommen war.

Jamie starb am 12. April 1978, und Linda hütet die Erinnerung an jene letzten Wochen wie einen kostbaren Schatz. Wir aber werden nie den Mut und die Hingabe dieser jungen Mutter vergessen. Zwei Hausbesuche von uns hatten genügt – drei Stunden insgesamt hatten wir auf einen Menschen verwendet, der unsere Freundschaft nicht nur brauchte, sondern auch verdiente.

Nach Jamies Tod hat Linda mich wissen lassen, daß es Rusty gut geht und daß er inzwischen auch wieder vergnügt mit den Kindern aus der

Linda, Jamie und Rusty zu Hause, vier Tage vor Jamies Tod

Letztes Bild von Jamie

Nachbarschaft spielt. Zu Anfang hat er sich ein wenig an Linda gehängt und wollte lieber bei ihr zu Hause bleiben, aber jetzt kann sie ihn auch einmal mit einem Babysitter allein lassen oder zu Freunden geben, wenn sie irgend etwas vorhat. Bevor Jamie starb, fragte Rusty, ob er ihr nicht ein paar Sachen schenken dürfte, die sie mitnehmen könnte. Er wählte ein Buch, einen Ring und ein Spielzeugauto aus. Am Abend vor der Beerdigung ging er noch einmal in die Trauerhalle an den Sarg seiner Schwester. Man hatte ihr das Buch auf den Schoß gelegt, den Ring an einen Finger gesteckt und das Spielzeugauto in die andere Hand gegeben. Für Rusty war das ungemein wichtig. Allerdings beunruhigte es ihn, daß Jamies Körper so kalt war, und am nächsten Morgen erzählte er Linda, daß er nachts im Traum warmes Wasser über seine Schwester gegossen und sie so wieder lebendig gemacht und danach mit ihr gespielt hätte. Da erklärte ihm Linda, daß Jamie die Kälte gar nicht spüre und daß sie nun irgendwoanders sei, wohin sie ihr jetzt noch nicht folgen könnten, aber daß sie glücklich sei.

Rusty wollte gern in Jamies Zimmer ziehen und viele Dinge, die sie benutzt hatte, für sich behalten. Linda brachte es über sich, ihm das zu erlauben. Ebenso schaffte sie es aber auch, manche Sachen fortzutun, für die ihr kleiner Sohn keine Verwendung haben würde. Natürlich war die Zeit unmittelbar nach Jamies Tod schwer für beide, aber sie konnten miteinander weinen – und das war viel. Linda muß auch heute noch manchmal weinen, wenn ihr irgendein Kleidungsstück oder ein Spielzeug oder auch ein Bild, das Jamie gemalt hat, in die Hand kommt. Sie trauert zwar, aber aufgrund der Erfahrungen, die sie in Jamies letzten Lebenswochen mit ihrer kleinen Tochter verbunden haben, bleibt es ihr erspart, jetzt noch Trauerarbeit leisten zu müssen. Wir verstehen darunter die innere Verarbeitung und Bewältigung der neuen Situation. Für die Hinterbliebenen wird diese Aufgabe nach dem Tod eines geliebten Menschen vor allem dann besonders schwer, wenn Versäumtes oder Unerledigtes das Gemüt belastet. Fast immer ist das der Fall, wenn ein Mensch so plötzlich und unerwartet stirbt, daß wir von ihm nicht haben Abschied nehmen können; oder auch, wenn wir einfach nie den Mut hatten, zu ihm zu sagen: »Ich habe dich lieb.« Dann bleiben wir zurück, und auf uns lasten Schmerz und Schuld, Groll und Reue, so daß wir fast daran ersticken. Und wenn dieses Gewirr von niederdrückenden Empfindungen nicht geordnet und geklärt wird, kommt der Trauernde darüber niemals zur Ruhe. Wir versuchen durch unsere Arbeit, die Menschen zu solcher Ruhe zu bringen, indem wir sie veranlassen, ihren Schmerz mit anderen zu teilen und offen darüber zu sprechen; danach können sie sich endlich frei fühlen von Schuld, Angst oder Scham.

Zwar fällt es Rusty bis heute noch schwer, seine Gefühle in Worte zu fassen, aber es tut Linda ungemein wohl, daß sie miterleben kann, wie alle möglichen düsteren und negativen Eindrücke, die er vielleicht früher empfangen hat, offenbar heute dadurch aufgewogen sind, daß inzwischen alles nachgeholt worden ist, was früher an ihm vielleicht versäumt worden war. So kann sich seine kleine Persönlichkeit heute frei entfalten, er wird selbständig und unabhängig, und an alledem läßt er seine Mutter teilhaben.

Redaktionelle Notiz:
Den folgenden Brief schrieb Elisabeth Kübler-Ross an Linda:

19. Januar 1978

»Liebe Linda,
ich will Ihnen wenigstens einen kurzen Gruß schicken und Ihnen sehr herzlich dafür danken, daß Sie Mal Warshaw und mich neulich bei unserem kurzen Besuch so freundlich empfangen haben. Ich habe mich sehr darüber gefreut, daß ich Sie endlich einmal persönlich kennengelernt habe. Ganz besonders schön fand ich, daß nicht nur Jamie ein Bild gemalt hat, sondern auch Sie selbst. Es lag mir sehr viel daran, Sie dazu zu bringen, denn natürlich sind Sie – wie die meisten Hausfrauen – geneigt, nur das saubere, hübsche ›Außen‹-Haus zu betrachten, und es tut sehr weh und ist sehr schmerzhaft, wenn man einmal nach innen schaut und sieht, wieviel verborgenen Schmerz, wieviel unterdrückten Zorn oder heimliche Bitterkeit wir in unserem eigenen ›Haus‹ mit uns herumschleppen. Diesen Dingen kommen wir am schnellsten auf die Spur, wenn wir entweder unsere Träume ein wenig durchleuchten oder wenn wir ein von uns gemaltes Bild betrachten. Dann erkennen wir plötzlich, wieviel Qual und Düsternis in uns stecken. Und dann finden wir auch den Weg, uns davon zu befreien.
Mit gesonderter Post schicke ich Ihnen ein kurzes Stück von einem Gummischlauch. Das soll kein Scherz sein. Vielmehr ist der Schlauch gedacht als ein wichtiges Werkzeug, mit dessen Hilfe Sie einen Teil Ihres Schmerzes und Ihres Zornes loswerden können – ganz gleich, gegen wen sich diese Empfindungen letztlich richten. Sie stammen ja doch im Grunde aus der Zeit, als wir noch ein Kind waren und man es uns nicht erlaubte, unserem Herzen Luft zu machen, wenn wir wütend oder ärgerlich waren. Sehen Sie zu, daß dieser unterdrückte Schmerz herauskommt und Sie davon frei werden. Denn dann bekommen Sie die Kraft, die Sie für das nächste Jahr brauchen. Und Sie werden diese Kraft positiv nutzen und in Liebe und Fürsorge umsetzen können. Die Sorgen

um Ihr älteres Kind werden Sie dann nicht mehr so niederdrücken, und Sie werden auch Schmerz und Einsamkeit durchstehen können, ohne von ihnen überwältigt zu werden.
Ich werde gelegentlich wieder einmal bei Ihnen hereinschauen ...

Herzliche Grüße,
Elisabeth.«

Redaktionelle Notiz: Der folgende Text ist der Auszug eines Briefes, den Linda einige Wochen nach Jamies Tod an Elisabeth Kübler-Ross und an Mal Warshaw schrieb:

»... Als ich erfuhr, daß meine Tochter an Gehirntumor erkrankt war, hatte mein Leben kurz zuvor eigentlich gerade erst angefangen. Bis dahin war es nach ganz konventionell-typischem Muster verlaufen: College, fünf Jahre Lehrerin, Heirat, zwei Kinder, Kauf eines Hauses in einem Vorort. Ungefähr ein Jahr, bevor Jamies Tumor diagnostiziert wurde, erwachte in mir ein Bedürfnis nach mehr, nach irgendeiner Betätigung, die mir persönlich mehr brachte. Also engagierte ich mich im Elternbeirat der Vorschule, die mein Sohn besuchte, schloß mich einer Selbsterfahrungsgruppe für Frauen an und unterzog mich einer Therapie. Natürlich veränderten mich diese Erfahrungen; vielleicht haben sie mich auch im Grunde schon auf die Zeit von Jamies Krankheit vorbereitet; andererseits haben sie wohl das Scheitern meiner Ehe zumindest mitverursacht. Während ich gerade mitten im Scheidungsprozeß steckte, erfuhr ich von Jamies Tumor. Schlagartig waren alle schönen Pläne für die Zukunft dahin. Vorerst war es nichts mit einem eigenen Leben.
Aus irgendeinem Grund waren Jamie und ich seit ihrer Geburt durch eine ganz besonders innige, liebevolle Beziehung verbunden. Ich wußte, daß sie mich von jetzt an sogar noch mehr brauchen würde als bisher, und auch ich hatte das Bedürfnis, um sie zu sein. Damit, daß ich von ihrer Krankheit erfuhr, begann für mich ein Leben von nie zuvor gekannter Intensität und Gefühlstiefe. Alles, was ich früher einmal erlebt hatte, schien jetzt in ein ganz anderes Leben zu gehören. Alle Kraft, die ich hatte, setzte ich ein im Kampf um Jamies Leben. Manchmal seufzte ich zwar ein wenig über die Einschränkungen, die mir durch Jamies Krankheit auferlegt waren, aber falls sie wirklich sterben müßte, wollte ich sicher sein, daß ich alles in meiner Kraft Stehende getan hatte, um sie zu retten.
Da ich von Anfang an darauf bestand, daß man mir die volle Wahrheit sagte, erfuhr ich gleich zu Beginn der Krankheit, wie ernst es um Jamie

stand. Die Chance für ihr Überleben war gering – immerhin gab es aber zumindest einen Hoffnungsschimmer. Allerdings fiel es mir anfangs unheimlich schwer, mich an diese Hoffnung zu klammern, denn plötzlich mußten wir miteinander in eine fremde Welt gehen, die uns Angst machte: ins Krankenhaus. Zwar halfen uns die Ärzte und Schwestern, so gut sie das vermochten, aber ich konnte es trotzdem kaum ertragen, mitansehen zu müssen, wie Jamie allen möglichen Gehirnuntersuchungen oder Bestrahlungen unterzogen wurde. Aber sie ließ alles still mit sich geschehen, und dadurch bekam auch ich die Kraft, die ich brauchte. Denn trotz meiner Verzweiflung wußte ich, daß ich die Aufgabe hatte, ihr jeden Augenblick so leicht und schön wie möglich zu machen.

Wenn ich auch nicht mehr verheiratet war, so war ich doch nicht völlig vereinsamt und verlassen. Während der gesamten Zeit von Jamies Krankheit waren meine Eltern und viele Freunde für mich treue Helfer und Begleiter. Wenn sie auch vielleicht nicht die ganze Tiefe meiner Verzweiflung und Verwirrung erkannten, so waren sie doch immer in meiner Nähe, einfach aus dem Bedürfnis heraus, Jamie, Rusty und mir zu helfen. Allerdings fiel es mir manchmal schwer, die Verbindung zu all diesen Menschen zu pflegen, auch wenn sie noch so rührend besorgt um mich waren, und zwar deswegen, weil ausgerechnet über mich dieses schwere Schicksal hereingebrochen war, nicht aber über sie. Sie konnten ja jederzeit wieder in ihr ›normales‹ Leben zurückkehren, wenn sie sich von mir verabschiedet hatten, aber meine Welt lag in Scherben. Und doch weiß ich heute, daß ich ohne sie Jamies Krankheit niemals überstanden hätte.

Ich durchlitt so manche Tiefe des Zorns und der Bitterkeit. Obwohl ich Jamie so innig lieb hatte, gab es auch Zeiten, in denen ich richtig böse auf sie war, weil sie mir dies alles auferlegte; weil sie mich plötzlich mit der Möglichkeit konfrontierte, daß ich einen geliebten Menschen vielleicht verlieren würde; weil sie mir die Chance nahm, auch weiterhin liebevoll für sie zu sorgen, sie behutsam zu leiten und voll Freude an ihrem Leben teilzuhaben. Und zugleich stand mir dabei nur zu deutlich all das vor Augen, was sie mir in der kurzen Zeit ihres Lebens geschenkt hatte.

Daß es mir so unglaublich schwer fiel, mich innerlich auf ein Leben ohne Jamie vorzubereiten, lag vor allem auch daran, daß ich nicht an ein Leben nach dem Tode glaubte. Der Gedanke an meinen eigenen Tod hatte mir immer Furcht eingeflößt, weil ich glaubte, daß mit dem Tod jedes Bewußtsein aufhören würde. So versuchte ich, einfach nicht daran zu denken – und ich sprach auch nicht darüber. Viele Freunde von mir glauben an ein Leben nach dem Tode, aber ich wies sie ab, wenn sie versuchten, mit mir ein Gespräch über dieses Thema anzufangen. Was sollte mir das schon für ein Trost sein, wenn ich zu der Überzeugung

gelangte, irgendein Teil von Jamie würde nach ihrem Tode weiterleben? Viel wichtiger war für mich, daß mir ein geradezu unersetzlicher Verlust drohte und daß ich nicht wußte, wie ich damit fertig werden sollte.
Wenn auch sozusagen der eine Teil meines Ich im Verlauf von Jamies Krankheit damit beschäftigt war, den Gedanken an ihren Tod abzulehnen oder fortzuschieben, so fühlte doch der andere Teil das Bedürfnis, sich darauf vorzubereiten. Ich suchte nach geeigneter Lektüre und las als erstes das Buch von Elisabeth Kübler-Ross ›Interviews mit Sterbenden‹. Vielleicht waren es meine Erfahrungen in der oben erwähnten Frauengruppe, die in mir den Wunsch weckten, mit anderen Leuten, die Ähnliches durchzumachen hatten, in Kontakt zu kommen. Durch Vermittlung des Hospizes von Rockland stieß ich zu einer Gruppe, in der Verwandte von krebskranken Patienten ihre Erfahrungen austauschten. Mit diesen Leuten konnte ich endlich über die Gefühle und Ängste sprechen, die ich bisher so oft verdrängt hatte.

Über ein Mitglied dieser Gruppe lernte ich auch Mal Warshaw kennen. So kam es, daß ein Kapitel des vorliegenden Buches auch meinem Fall gewidmet wurde. Mir hatten so viele Menschen geholfen, daß ich hoffte, andere könnten aus meiner Geschichte lernen, daß sie mit ihrem schweren Schicksal – nämlich dem Verlust ihres Kindes – nicht allein standen.
Ich begegnete Dr. Kübler-Ross kurz nachdem ich erfahren hatte, daß Jamies Tumor sich wieder vergrößerte und daß man nur noch wenig für sie tun konnte. Verzweifelt war ich auf der Suche nach neuen Behandlungsmöglichkeiten. Wenn ich auch rein verstandesmäßig wußte, daß Jamie sterben würde, so wollte ich doch den Kampf nicht aufgeben. Innerhalb weniger Minuten erkannte Dr. Kübler-Ross, was ich brauchte, und mit Jamies Hilfe gab sie es mir dann auch. Sie bat Jamie, ein Bild zu malen. Ihre Interpretation dieses Bildes brachte mich auf einen völlig neuen Weg. Zum ersten Mal begann ich daran zu denken, daß Jamies Tod unausweichlich war und daß ich das zu akzeptieren hatte. Zum ersten Male auch fing ich an, den Tod selbst mit völlig neuen Augen zu betrachten. Unter all den vielen Figuren auf Jamies Bild war auch ein frei schwebender purpurroter Luftballon zu sehen. Dr. Kübler-Ross erklärte mir, daß aus der Farbe des Ballons, sowie aus der Tatsache, daß er ohne jede Verbindung zu irgendeiner anderen Figur gerade an dieser Stelle des Blattes erschien, zu schließen war, daß Jamie wußte, was ihr bevorstand, und daß sie ohne Angst auf diesen Übergang zulebte. Was ich unbedingt wissen mußte, war gerade dies: daß die Zukunft für Jamie nichts Schweres bringen würde.

Dr. Kübler-Ross erkannte auch, daß ich meinem Zorn und meiner Verzweiflung nicht so viel freien Lauf ließ, wie das nötig gewesen wäre. Wenige Tage nach ihrem Besuch schickte sie mir daher ein Stück Gummischlauch. Ich sollte damit gegen irgendeinen festen Gegenstand schlagen und auf diese Weise meinen Zorn abreagieren, wenn ich dazu das Bedürfnis spürte. Ich habe das getan – und es hat geholfen.

Wir besprachen, wie ich mein Haus einrichten könnte, wenn Jamie einmal für immer bettlägerig sein würde. Und diese Zeit kam. Ich hatte Jamie für eine letzte Behandlung ins Krankenhaus getan. Aber man konnte ihr nicht mehr helfen, und ihr Zustand verschlechterte sich zusehends. Sie brauchte ständige Pflege rund um die Uhr, aber sie wollte so gern nach Hause. Obwohl ich im Grunde Angst davor hatte, entschied ich mich dafür, Jamies ausdrücklichen Wunsch zu erfüllen. Ich nahm sie nach Hause. Während dieser letzten drei Wochen ihres Lebens besuchte uns Dr. Kübler-Ross noch einmal und bestätigte mir, daß ich richtig gehandelt hatte. Auch wurde mir bewußt, wie sehr ich selbst diese Zeit mit Jamie zu Hause brauchte. Denn diese Wochen halfen mir, ganz und gar zu akzeptieren, daß Jamie sterben mußte. Außerdem hatte ich auf diese Weise auch die Möglichkeit, alles für sie zu tun, was noch getan werden konnte: es ihr so schön wie möglich zu machen, sie dabei in ihrer vertrauten Umgebung zu belassen und – vor allem – sie täglich die Liebe ihrer Familienangehörigen und Freunde erfahren zu lassen. Auch ich war von dieser Liebe umgeben und getragen. Nie hätte ich Jamie nach Hause nehmen können, wenn mir nicht so viele liebe Menschen geholfen hätten: meine Eltern, meine Freunde, besonders Liz, Joan, Carol, Lois und Lee und auch viele andere vom Kinderkrankenhaus. Wir alle, auch mein Sohn, teilten uns in die Pflege und in die Fürsorge für Jamie. Besonders für Rusty war es ungemein wichtig, daß er in dieser Zeit einen festen Platz und eine Aufgabe hatte. Vorher war er so oft ausgeschlossen gewesen, wenn ich bei Jamie im Krankenhaus war oder sie zu irgendwelchen ambulanten Behandlungen dorthin begleitete. Nun hat er einige kostbare Erinnerungen an diese letzten drei Wochen: wie er ihr vorgelesen hat, wie er ihr die Fingernägel poliert oder wie er nur einfach auf dem Bettrand gesessen und still ihre Hand gehalten hat.
Ich wußte, daß es richtig gewesen war, Jamie nach Hause zu nehmen, aber einige Tage vor ihrem Tod schwankte ich doch noch einmal, ob ich sie wirklich bis zum Ende bei mir behalten sollte. Es traten Komplikationen in ihrem Befinden auf, und ich war nicht sicher, ob ich damit – rein medizinisch gesehen – fertig werden würde. So rief ich Dr. Kübler-Ross an. Mit wenigen Worten gab sie mir meine Zuversicht und meine

Sicherheit zurück. Zu jenem Zeitpunkt hatte Jamie keinerlei Schmerzen und war nur ganz selten bei vollem Bewußtsein. Dr. Kübler-Ross bestärkte mich in dem Glauben, daß Jamies Bewußtsein zwar auf irgend etwas anderes gerichtet war, daß sie aber durchaus empfand, wie sie von Liebe umgeben war. Ich wußte jetzt, daß ich sie nicht mehr ins Krankenhaus geben würde. Es war eine unendliche Hilfe für mich, daß ich mich jederzeit mit jedem Problem an Dr. Kübler-Ross wenden konnte. Sie war einfach für mich da.

Jamies Befinden wurde immer schlechter, und ich versuchte, an den roten Luftballon und an das, was er symbolisierte, zu denken. Und ich hatte plötzlich das Bedürfnis, glauben zu können, daß ein Teil von Jamie nach ihrem Tod irgendwo und irgendwie weiterleben würde. Trotz einiger Anfälle von Atemnot wurde Jamie im Laufe der Wochen immer stiller und friedlicher, und ich hatte nun keine Angst mehr vor dem, was kommen würde. Fast konnte ich sehen, wie der purpurrote Luftballon sanft an seiner Schnur zog, die ihn hielt, bis er sich schließlich löste und fortschwebte. Ich vermisse Jamie schmerzlich, aber ich habe aus diesem Schmerz viel gelernt und bin wohl auch ein Stück weiter gekommen. Ich habe keine Furcht mehr vor dem Tod, denn ich hielt Jamie in den Armen, als sie starb, und da sah ich nichts Furchterregendes. Ich glaube auch nicht mehr, daß der Tod das Ende ist. Selbst als ich vom Friedhof fortfuhr, hatte ich nicht das Gefühl, daß ich mein Kind dort gelassen hatte. Es war bei mir, so wie es seit seinem Tod oft bei mir gewesen ist. Und inmitten allen Schmerzes bleiben viele schöne Erinnerungen. Jamies Mut, ihre Fröhlichkeit und ihre Liebe werden immer bei mir bleiben. Ja, sie war für mich ein ganz kostbares Geschenk.«

Louise, 57 Jahre alt, krebskrank

Louise

Louises Leben verlief jahrelang wie das Leben anderer Leute. Sie verbrachte ihre mittleren Jahre damit, ihre Kinder großzuziehen. Das war in einer kleinen Stadt nahe bei Cleveland. Das Haus, das sie in den letzten zwanzig Jahren bewohnte, liegt in einer jener ruhigen Straßen, die von Bäumen oder von kleinen Rasenstücken gesäumt werden und nur wenige Minuten von einem lärmenden Flughafen und einer Großstadtregion entfernt sind.

In Louises Haus spürte man sofort die Atmosphäre einer starken Persönlichkeit. Ihr Heim war geprägt von einer Art innerer Schönheit, die auch für ihre Person kennzeichnend war. Sie hatte sie in langen Jahren des Kampfes erworben. Sie hatte drei Kinder großgezogen, hatte sich von ihrem Mann scheiden lassen und arbeitete zunächst als ehrenamtliche kirchliche Sozialarbeiterin, später, als sie Mitte fünfzig war, hauptamtlich an einem Krankenhaus. Sie stieg weiter auf, und als an diesem Krankenhaus eine Sozialstation eingerichtet wurde, machte man sie zu deren Direktor.

Ihre Kinder wurden erwachsen und zogen aus, und so lebte sie schließlich ganz allein in dem Haus, das sie ein halbes Leben lang bewohnt hatte. Dieses Haus war ihr Refugium, ihr Ort der Einkehr. Zwei riesige Neufundländer waren ihre treuen Hausgenossen. Ihr Heim und ihre beiden Hunde – das waren die letzten Dinge, die ihr geblieben waren und an denen sie wirklich hing. So also sah ihr Leben aus, als sie sich der Realität ihres bevorstehenden Todes zu stellen hatte.

Als man im Jahre 1976 bei ihr Krebs diagnostizierte, behielt sie diese Tatsache zunächst für sich und überlegte, was sie tun konnte. Dabei war sie sich der jeweiligen Vor- und Nachteile von Operation, Bestrahlung und Chemotherapie wohl bewußt. Während ihrer Tätigkeit im Krankenhaus hatte sie mit vielen Patienten vor demselben Dilemma gestanden, und sie wußte wohl, daß die meisten Menschen davor zurückschrecken, sich mit diesen Dingen auseinanderzusetzen oder auch nur über sie nachzudenken. Sie hatte viele Ehefrauen beraten, die von ihrem Mann verlassen worden waren oder deren Mann nicht mehr mit ihnen schlafen wollte aus Angst, eine krebskranke Frau zu berühren.

Louise in ihrem Heim in Middleburgh Heights, Ohio

Sie kannte viele junge Frauen, deren Schuldgefühle sie dazu veranlaßten, eine Brustamputation vor anderen zu verheimlichen. Weil Partner oder Freunde ihnen gegenüber so viele negative und ängstliche Reaktionen zeigten, hatten sie tatsächlich aufgehört, das Leben in vollem Umfang zu leben und ganz auszuschöpfen. In mancherlei Hinsicht war Louise daher durch ihre Erfahrungen als Sozialarbeiterin auf das vorbereitet, was auf sie zukam. Von ihren todkranken Patienten hatte sie bereits manche Lektion gelernt.

Die Hauptfrage für Louise wurde die Frage nach der Qualität des Lebens, nicht nach seiner Quantität. Was wir von so vielen anderen tapferen Patienten gelernt haben, gilt auch für Louise. Es kam ihr nicht in erster Linie darauf an, wieviele Jahre noch vor ihr lagen. Viel wichtiger war für sie, ein sinnvolles und erfülltes Leben zu führen, ihre Unabhängigkeit zu bewahren und auf die eine oder andere Weise etwas Gutes für die Menschheit zu tun, solange das nur irgend möglich war. Sie hatte auch Angst vor Schmerzen – und sie wollte nicht von anderen abhängig sein. Sie zog den Tod der Existenz in einem menschenunwürdigen Pflegeheim vor, in dem sie ganz darauf angewiesen wäre, daß andere sie wuschen oder fütterten, und in dem sie in allen Dingen, die ihre Behandlung oder Pflege betrafen, überhaupt nichts mitzureden hätte. Sie war innerlich wie gelähmt vor Angst, wenn sie daran dachte, daß sie vielleicht einmal durch zu viele Mittel »betäubt« werden und dann unter Umständen nicht mehr wirklich sie selbst sein könnte.

In den Wochen, die der Krebsdiagnose folgten, dachte sie über all dies nach. Sie wußte sehr wohl, daß für die meisten Leute die Ablehnung einer Operation oder einer Behandlung gleichbedeutend war mit frühem Tod, mit Metastasen, mit Schmerzen.

Louise hatte sich mit Statistiken und Wahrscheinlichkeitsrechnungen beschäftigt, und schließlich, eines Abends, während sie malte, kam es über sie wie eine Art Botschaft, wie eine Offenbarung: »Nein, nein, nein. Du kannst dich keiner Chemotherapie unterziehen!« Sie beschloß, sowohl Bestrahlung als auch Operation abzulehnen und das Leben in seiner ganzen Fülle auszuschöpfen, solange es ihr noch gegeben war. Sie teilte ihrem Arzt, der sie an einen Chirurgen überwiesen hatte, mit, daß sie ihr Geschick in Gottes Hand gebe.

Womit Louise nicht gerechnet hatte, das waren die Feindseligkeit und die Mißachtung, denen sie ausgesetzt war, nachdem wohlmeinende Freunde und Kollegen am Krankenhaus zur Kenntnis genommen hatten, daß sie dem Rat ihres Arztes nicht gefolgt war, sondern sich entschlossen hatte, über ihr Leben und Sterben selbst zu bestimmen. Sie konnten nicht verstehen, daß eine intelligente Frau, eine »Professionelle« sozusagen, die Ablehnung jeder Behandlung auch nur in Erwägung ziehen konnte. Man sprach von »Selbstmord«, »lächerlichem«, »selbstzerstörerischem« und »selbstsüchtigem« Verhalten. Aber diejenigen, die so redeten, hatten zum Glück nicht die Wahl zu treffen, vor die Louise gestellt war – wie viele andere mit ihr.

Nach diesem Entschluß und nach der Vereinsamung und Ablehnung, die daraus für sie erwuchsen, begegnete ich Louise bei einem meiner öffentlichen Vorträge. Wir aßen zusammen in einem Restaurant, und plötzlich stand sie still auf und verschwand in einem kleinen Nebenzimmer. Hinterher erfuhr ich, daß bei ihr Blutungen eingesetzt hatten und daß ein ihr völlig unbekannter Mann von unserem Tisch ihr gefolgt war und ihr diskret geholfen hatte. Dieser Unbekannte wurde später Louises Freund, und sie schenkte ihm dann eines der ersten Bilder, die sie malte – Bilder, in denen sie ihre Gefühle, Träume und Frustrationen zum Ausdruck brachte.

Louise meldete sich schließlich zu einem meiner einwöchigen Lebenshilfe-Kurse an. Es war eine Woche, die keiner von uns je vergessen

Louise beim Malen

wird. Etwa fünfzig Teilnehmer, darunter verschiedene hauptamtlich in helfenden Berufen tätige Personen, einige Laien und etwa zehn todkranke Patienten mit einem Durchschnittsalter von 28 Jahren waren beieinander. Louise erkannte plötzlich, daß es auf der Welt viele bemerkenswerte, nachdenkliche, um andere besorgte Menschen gibt. Sie begann einzusehen, daß sie nicht allein war, und sie verstand zum ersten Mal, daß die »Profis« nicht absichtlich kalt oder herzlos sind, sondern daß sie einfach zu wenig gelernt haben, mit ihrer eigenen negativen Konditionierung fertig zu werden. Allmählich wurde ihr klar, daß auch in diesen Menschen viele Ängste steckten, viele offene Wunden, Schmerzen und Schuldgefühle brannten und daß schon allein die Erwähnung von Krebs oder Sterben in ihnen den Wunsch wachrief, dieses Thema abzulehnen, zu verdrängen oder zu vermeiden.

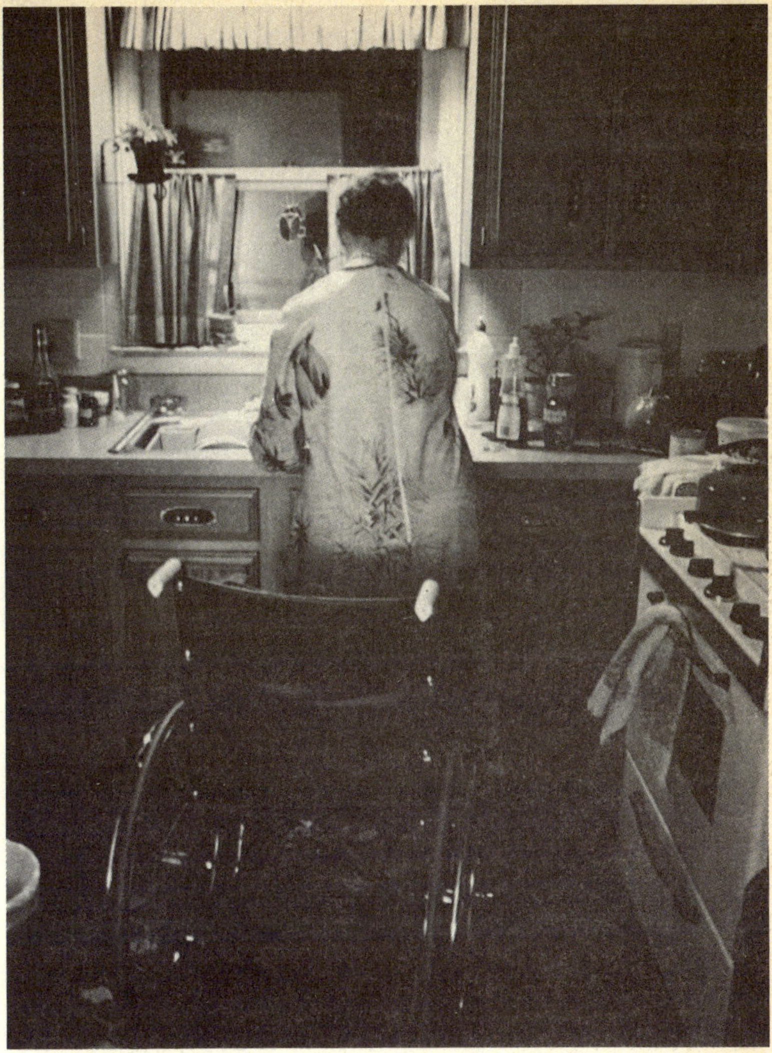

Louise zu Hause

Louise im Gespräch mit einem Besucher

In einem Milieu totalen Angenommenseins und totaler Geborgenheit schwanden die Ängste; Louise sah, wie Menschen, die völlig zugeknöpft gewesen waren, sich plötzlich öffneten, mit anderen ihre Gedanken teilten und ins Freie flogen wie Schmetterlinge, die einen leblosen, steifen Kokon hinter sich lassen. Die nahen Berge, der Duft der wilden Blumen, der in der Luft lag, das Wissen, daß ihr geliebter Sohn in der Nähe wohnte und sie mit ihm und dem Enkelkind noch eine schöne Zeit für sich allein haben würde – all dies trug zu ihrem Glück bei, und so wurden die fünf Tage und Nächte, die sie bei uns verbrachte, für sie höchst bedeutungsvoll und wesentlich.

Am letzten Abend, bei Sonnenuntergang, zündeten wir unser Feuer an. Fünfzig Menschen, die vorher füreinander Fremde gewesen waren, waren nun Freunde geworden und saßen beieinander im Kreis. Wir sangen unser liebstes Lied: »Wo du hingehst, da will ich auch hingeh'n.« Während die Gruppe sang, stand einer nach dem anderen auf und warf mit großem Bedacht ein Kiefernscheit in das Feuer; auf diese Weise symbolisierte er, daß er denjenigen Teil seines Wesens verbrennen ließ, von dem sich für immer zu trennen er gewillt war. Hier fand der Anfang einer friedlichen Revolution gegen die Negativität statt, und er wurde von Menschen unternommen, die sich akzeptiert und verstanden fühlten. Sie waren dazu bereit, die Schmerzen der Selbstprüfung auf sich zu nehmen und sich dann in aller Öffentlichkeit von allem zu befreien, was sie daran hinderte, ein erfülltes, positives, kreatives Leben zu führen, anderen Menschen zu helfen und zugleich so auch ihrer eigenen Bestimmung zu entsprechen. Louise ging, wie andere Teilnehmer auch, mit einer Begeisterung für das Leben nach Hause. Sie war innerlich gestärkt und wußte, sie würde nie mehr allein sein.

Als sie nach diesem Kurs an ihre Arbeit zurückkehrte, war die Atmosphäre so kalt wie eh und je. Bald kam ein neuer Schlag: Man eröffnete ihr, es sei für die Patienten im Krankenhaus zu »deprimierend«, wenn Louise während der Konsultationen selbst im Rollstuhl sitze. So wurde sie vorzeitig pensioniert, obwohl sie nach wie vor fähig gewesen wäre, diese Arbeit zu tun.

Aber sie ließ sich nicht in eine Depression abgleiten. Sie akzeptierte die Dinge, die sie nicht ändern konnte. So rasch würde sie nicht aufgeben. Allmählich fingen die Patienten an, sie von sich aus zu besuchen: zuerst in ihrem Zimmer im Krankenhaus, später auch zu Hause. Es dauerte nicht lange, da hatte sie eine wahrhaft bemerkenswerte Beratungspraxis in ihrem Wohnzimmer. Todkranke Patienten verlangten danach, zu Louise gebracht zu werden, um sich beraten zu lassen oder einfach um ihr strahlendes, wirklich von innen leuchtendes Gesicht zu sehen.

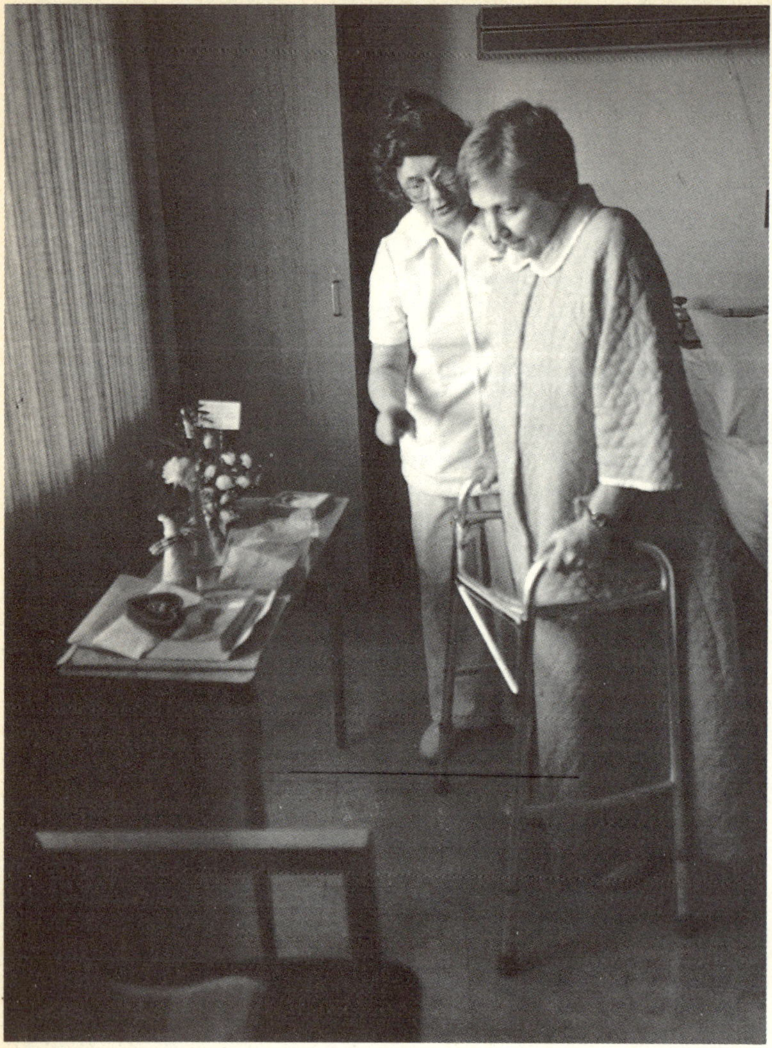

Louise im Krankenhaus, kurz vor einer Operation

Im darauffolgenden Jahr wurde Louise zusehends stärker behindert, aber sie lebte noch intensiver als zuvor. Karten oder Briefe von Kursteilnehmern, Telefonanrufe und Besuche von Nachbarn und Freunden hielten die Verbindung zur Außenwelt. Als die Schmerzen unerträglich wurden, entschloß sich der Arzt zu einer Chordotomie, einer Operation, die die schmerzleitenden Nervenstränge im Rückenmark durchtrennt. Dies brachte eine gewisse Erleichterung. An die Operation schloß sich ein unvorhergesehener kurzer Aufenthalt in einem Pflegeheim an – eine Zeit, die Louise später völlig verdrängte und einfach »vergaß«.

Während jener kritischen Tage besuchten Mal und ich sie auch weiterhin. Wir schickten ihr kleine Geschenke, die auf irgendeine Weise ein Symbol für unsere Beziehung waren – so zum Beispiel einen kleinen holzgeschnitzten Engel aus der Schweiz, den sie sich an ihr Krankenbett hängte; oder ein Kissen aus meiner Heimat, das mit

Elisabeth Kübler-Ross zu Besuch bei Louise

Alpenblumen bestickt war. So hatte sie etwas für ihre Bequemlichkeit und zugleich etwas, woran sie sich »halten« konnte, wenn ich nicht da war.

Später ließ sie tageweise ihre Medikamente weg, und als ihr Kopf wieder klarer war, erkannte sie, daß sie so nicht leben wollte. Sie besprach die Sache mit ihren Kindern und Freunden und ließ sich aus dem Pflegeheim entlassen. Sie verwandelte ihr Wohnzimmer in ein Krankenzimmer. Ihr Fenster stand voller Grünpflanzen und Blumen. Anstelle ihres Sessels ließ sie sich ein bequemes Bett ins Zimmer stellen, von dem aus sie auf die Straße sehen konnte. Ihre Freunde und ihre beiden Hunde waren bei ihr.

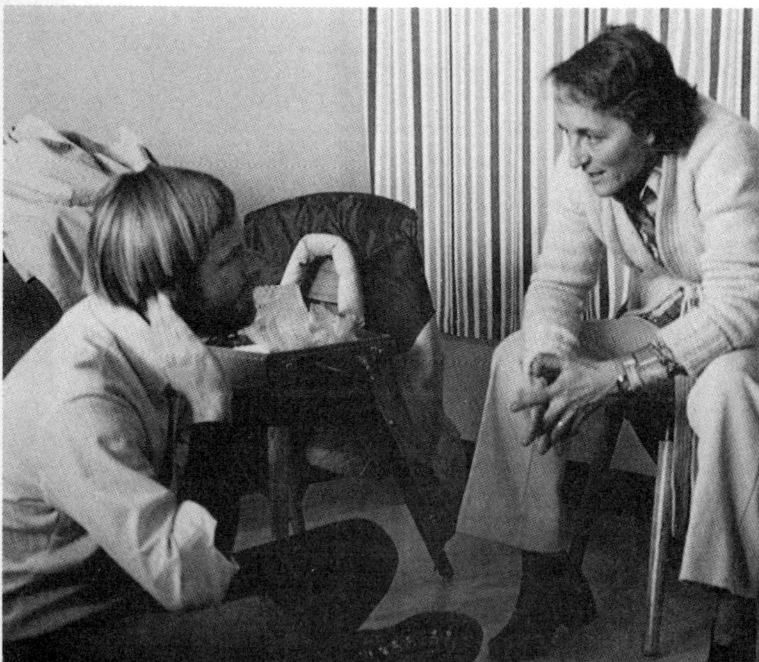

Elisabeth Kübler-Ross und Louises Sohn Tom

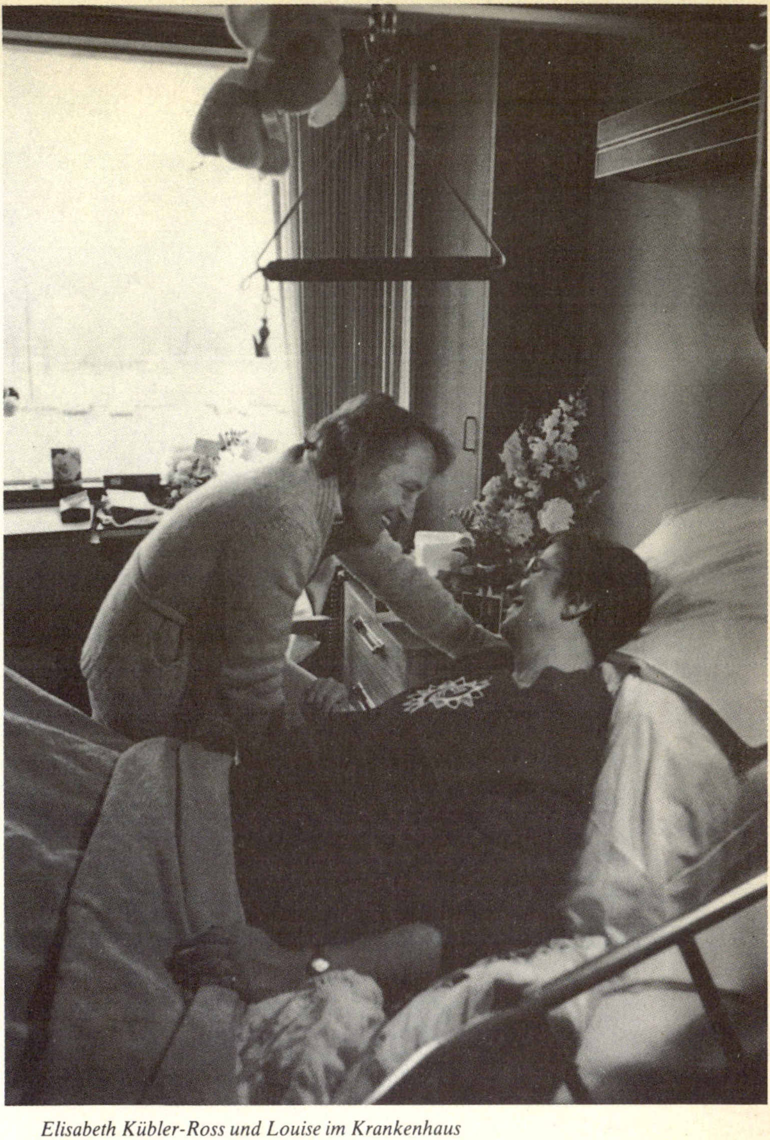

Elisabeth Kübler-Ross und Louise im Krankenhaus

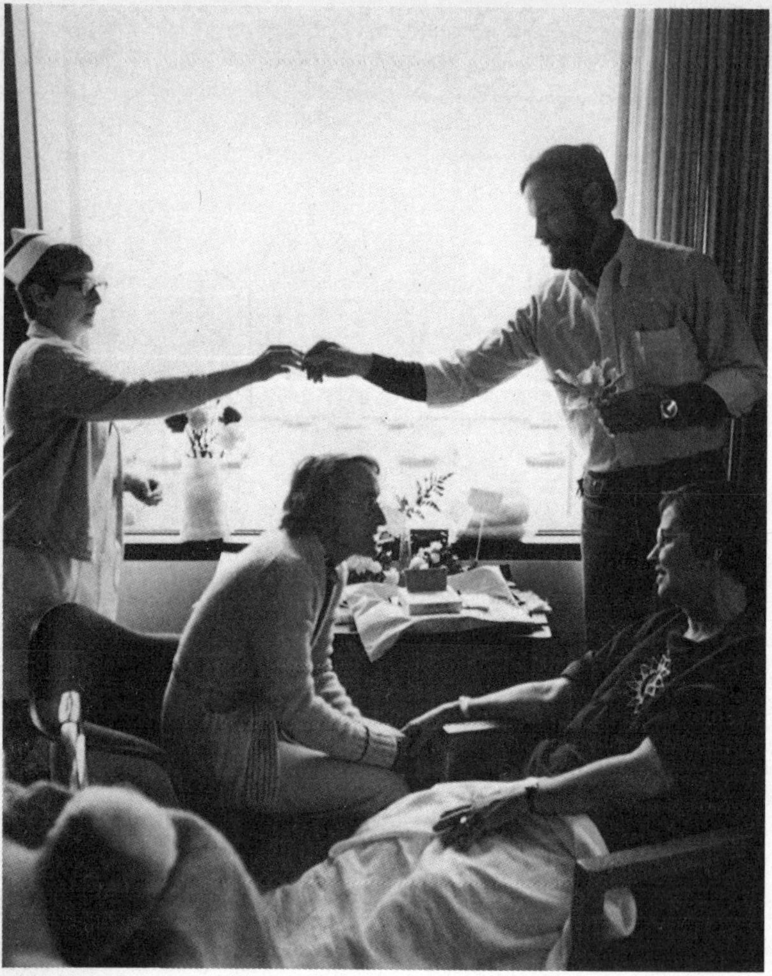

Louise, Tom, Elisabeth Kübler-Ross und eine Krankenschwester – während eines Besuchs im Krankenhaus

Louise im Krankenhaus mit einem Schweizer Kissen, einem Geschenk von Elisabeth Kübler-Ross

Und so fand Louise zu diesem Zeitpunkt in ihrem Leben den Mut, sie selbst zu sein. Sie verzweifelte nicht, als ihre Kinder, die es nicht ertragen konnten, sie sterben zu sehen, sich mehr und mehr von ihr fernhielten. Sie überließ sich keinem Selbstmitleid, als man sie aufforderte, ihre Arbeit im Krankenhaus aufzugeben, mit der sie so vielen Menschen geholfen hatte. Sie brach nicht zusammen, als man ihr nahelegte, mit ihrer Beratungstätigkeit zu einem Zeitpunkt aufzuhören, zu dem sie aufgrund ihrer eigenen Erfahrungen eigentlich besonders dazu befähigt gewesen wäre. Sie hielt jedem schweren Erleben stand, zwar unter Tränen und zeitweise voller Verzweiflung, aber sie hielt stand. Sie besprach alle ihre Probleme mit uns und ließ sich unsere Liebe gefallen und fragte nach unserer Meinung. Aber dann war es doch sie selbst, die die Entscheidung traf. Sie wählte den Weg, der ihr gemäß war, und löste die Schwierigkeiten auf ihre eigene Weise, und bei alledem fuhr sie fort, allen, die in ihr Haus kamen, voll Liebe und Freundlichkeit zu begegnen und ihnen zu helfen.

Bei unserem nächsten Besuch konnte sie nicht mehr auf sein, aber sie konnte noch mit uns sprechen und uns an ihren Gedanken teilnehmen lassen. Bei diesem Besuch, von dem wir alle meinten, daß es der letzte sein würde, verlangte sie nach einer Urne für ihre Asche und zeigte uns

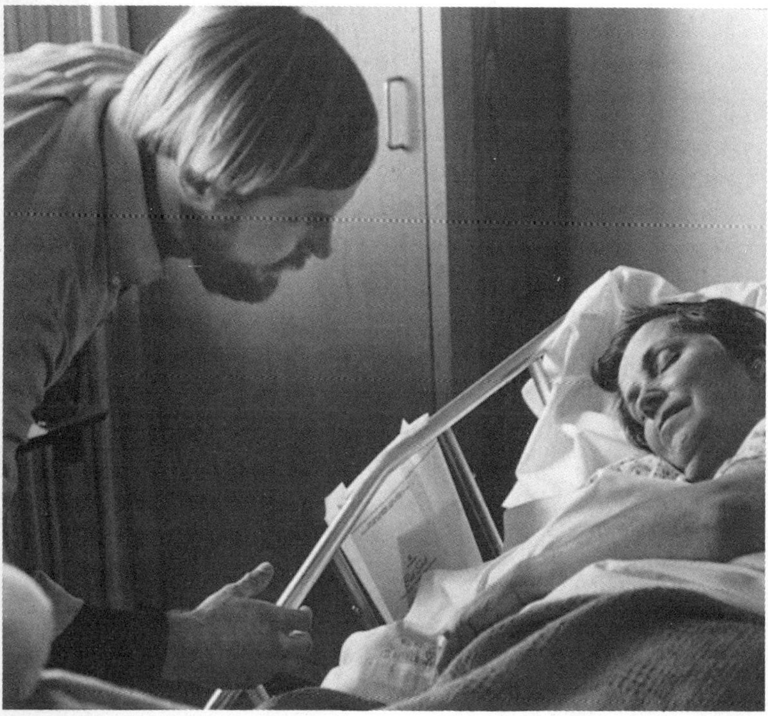

Louises Sohn Tom am Krankenbett

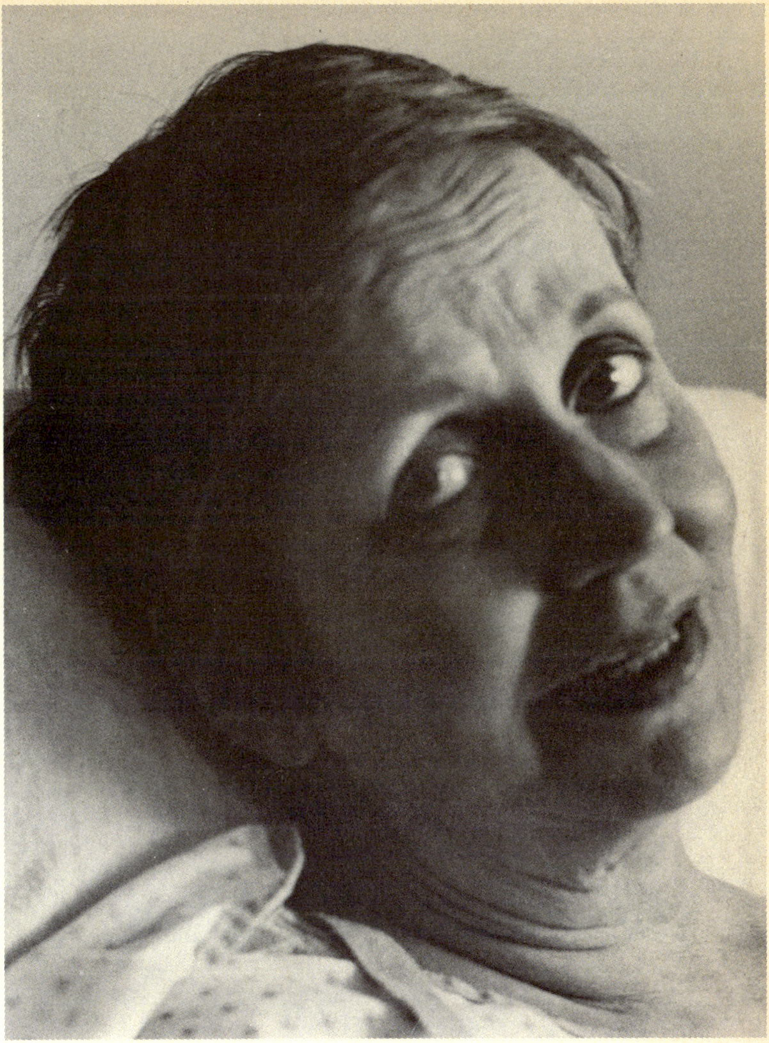

Louise im Krankenhaus von Middleburgh Heights

den Platz, an dem sie beigesetzt werden wollte. Sie bat uns auch, für sie die Bestattungsfeier zu halten, und gab uns so ein letztes Mal ein Zeichen ihres Vertrauens und ihrer Liebe.

Sie fuhr mit dem Malen fort, bis sie nicht mehr aufrecht im Bett sitzen konnte. So wie Beth erst zuletzt angefangen hatte zu dichten, so wuchs auch Louise die kreative Gabe des Malens erst in den letzten Lebensjahren zu. Sie malte alles – von Landschaften bis zu Darstellungen der »Führer«, die sie nach ihrer Überzeugung von diesem Leben zum nächsten geleiten würden. Im vorangegangenen Sommer hatte sich noch einer ihrer Träume erfüllt: Sie erlebte eine Ausstellung ihrer Gemälde im Baldwin-Wallace-College, ihrer Heimatuniversität in Berea, Ohio.

Aber dann kam ein schwerer, furchtbarer Winter, ein Winter voller Schmerzen. Endlose Schneestürme, Blizzardwarnungen und Tage, an denen alles restlos eingeschneit war, ließen keinen Besucher zu ihr dringen. Der Schnee unter ihrem Fenster wuchs immer höher. Nur ihre beiden treuen Hunde wichen nicht von ihrer Seite, und sie verbrachte ihre Vormittage damit, sie zu betrachten und daran zu denken, daß sie sich vorgenommen hatte, die Hunde einschläfern zu lassen, sobald sie gestorben war. Sie würden zur gleichen Zeit begraben werden. Sie sollten sich nicht an einen neuen Herrn gewöhnen müssen, sondern ihr in den Tod folgen.

Es kamen Tage, an denen Louise nur halb bei Bewußtsein war und an denen sie immer länger schlief. Oftmals ließen mich ihre Mitbewohner wissen, daß das Ende wohl nahe sei. Sie konnten das, was sich vor ihren Augen abspielte, einfach nicht fassen. Nach jenem langen, harten Winter schien es plötzlich, als könnte Louise sich nicht von ihrem physischen Sein lösen. In Telefongesprächen und bei meinen Besuchen eröffnete sie mir, daß sie wohl noch von etwas Unerledigtem belastet würde, sie wisse aber nicht, wovon. Wir hielten einige psychoanalytische Sitzungen an ihrem Bett und fanden heraus, daß die unbefriedigende Beziehung zu ihrer Mutter sie quälte. Die Mutter war alt und lebte weit weg in einem anderen Staat der Vereinigten Staaten.

Aufgrund der Erfahrungen, die ich früher mit Eltern und deren todkranken Kindern gemacht hatte, ermutigte ich Louise, ihre Mutter doch einzuladen, alles mit ihr zu besprechen und eine Beziehung zu ihr aufzubauen, ganz gleich, ob ihre Mutter nun bereit war, über den bevorstehenden Tod ihrer Tochter zu sprechen, oder nicht. Schließlich kam der Tag, an dem Louises Mutter ins Zimmer trat. Sie saß an Louises Bett, schaute in eine andere Richtung und fand keine Worte für das, was sie innerlich bewegte. Aber sie verbrachten den ganzen Tag miteinander und teilten einander wenigstens so viel mit, wie sie konnten. Als ihre

Elisabeth Kübler-Ross und Louise am Ende eines Besuchs

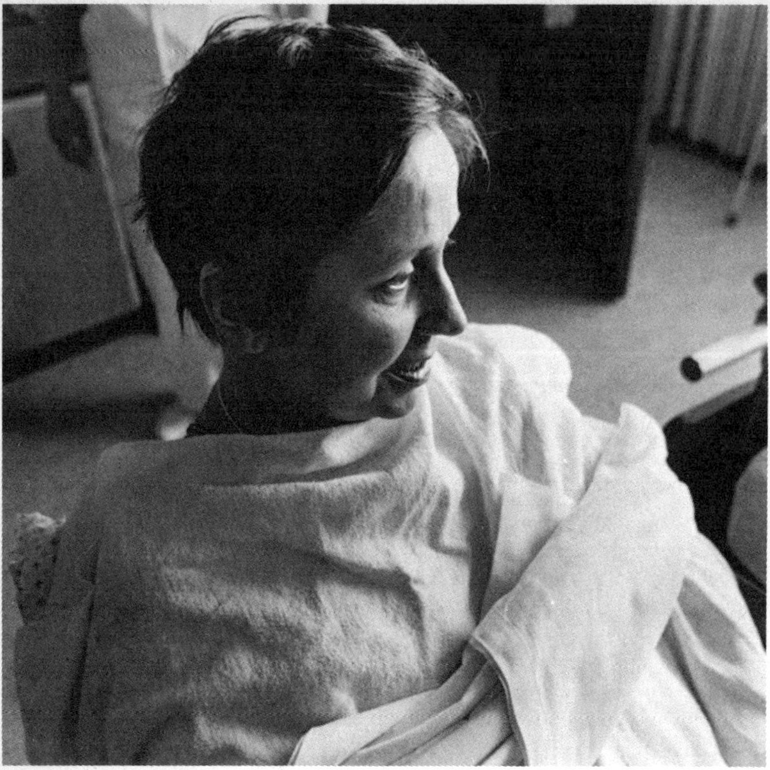

Louise im Pflegeheim

Mutter ging, hatte Louise das Gefühl, daß sie so viel von sich selbst offenbart hatte, wie es unter diesen Umständen nur eben möglich war.

Sie war nicht überrascht, als sie wenige Wochen später erfuhr, daß ihre Mutter friedlich zu Hause gestorben war. Ein weiteres Kapitel in Louises Leben war zu Ende.

»Als meine Mutter zu Besuch kam, erkannte sie, glaube ich, endlich, daß ich tatsächlich zu krank war, um mein Bett zu verlassen und nach Kalifornien zu reisen. Aber sie blieb trotzdem ihrer Natur treu und mußte natürlich meinen ›Mädchen‹ – den Frauen nämlich, die für mich sorgen – sagen, daß sie mich verwöhnten und viel zuviel für mich täten.

Sie mied meinen Blick an jenem Abend und ließ kein rechtes Gespräch aufkommen; meist kehrte sie mir den Rücken zu und tat so, als sei sie gerade nur zu einem üblichen halbstündigen Vormittagsbesuch gekommen. Wir sprachen nur wenig von Belang. Mir machte das nichts aus. Mir schien es so, als hätte ich für sie getan, was zu tun war, deshalb konnte ich so freundlich und entgegenkommend zu ihr sein wie zu jedem anderen Gast.

Als sie kurz nach ihrem Besuch starb, erfuhren wir, daß sie ihr Testament nicht geändert hatte. Den größten Teil ihres Vermögens hatte sie ihrem Bruder vermacht, was nicht mehr als recht und billig war. Aber ein Drittel hatte sie für einen Neffen bestimmt, der sich nie um sie gekümmert oder sie auch nur besucht hatte. Andere hatten viel für sie getan und hatten ihr nah gestanden, aber sie gingen leer aus. Sie blieb bis zuletzt ein Rätsel für uns …«

Kurz darauf sprachen Louise und ich darüber, ob es nicht gut wäre, wenn sie ihre Erfahrungen aufschriebe, damit wir vielleicht herausfinden könnten, ob es noch mehr Unerledigtes in ihrem Leben gab, noch mehr unausgesprochene Ängste oder andere quälende Dinge, die sie nicht loslassen konnte. Das Loslassen ist für viele Patienten ungeheuer wichtig. Erst wenn sie losgelassen haben, können sie akzeptieren, daß sie sterben müssen. Geldfragen waren Louises größte Sorge. Sie war sich darüber im klaren, daß sie noch für ein paar Wochen genug hatte, daß aber danach die Frage des Pflegeheims – und das bedeutete des Abhängigseins von anderen – akut würde. Für diese unabhängige Frau, die immer selbst für sich gesorgt hatte, war das ein unerträglicher Gedanke. Sie war bereit, eine Hypothek auf ihr Haus aufzunehmen. Sie sprach über den Verkauf ihrer Bilder und über alle anderen Möglichkeiten der Geldbeschaffung, bis sie sich schließlich ein Herz faßte und beschloß, Fürsorgeunterstützung anzunehmen und in ein Pflegeheim zu gehen, wenn ihr denn keine andere Wahl bliebe.

Es war ein schwerer, schmerzlicher Entschluß. Schließlich hatte sie beinahe ein halbes Jahrhundert auf eigenen Füßen gestanden. Aber sie akzeptierte, daß es so sein mußte, und konnte über den bevorstehenden Verlust ihrer Unabhängigkeit noch trauern. Sie brachte ihre Angelegenheiten in Ordnung, verteilte hier und da Geschenke – einen Ring an einen Menschen, der ihr lieb war, ein Bild an einen anderen, der es ihrer Meinung nach verdiente. Sie schrieb kleine Briefe an Leute, denen es auch schlecht ging, und Dankesgrüße an andere, denen sie vielleicht nicht ausdrücklich genug gesagt hatte, wie sehr sie sie schätzte.

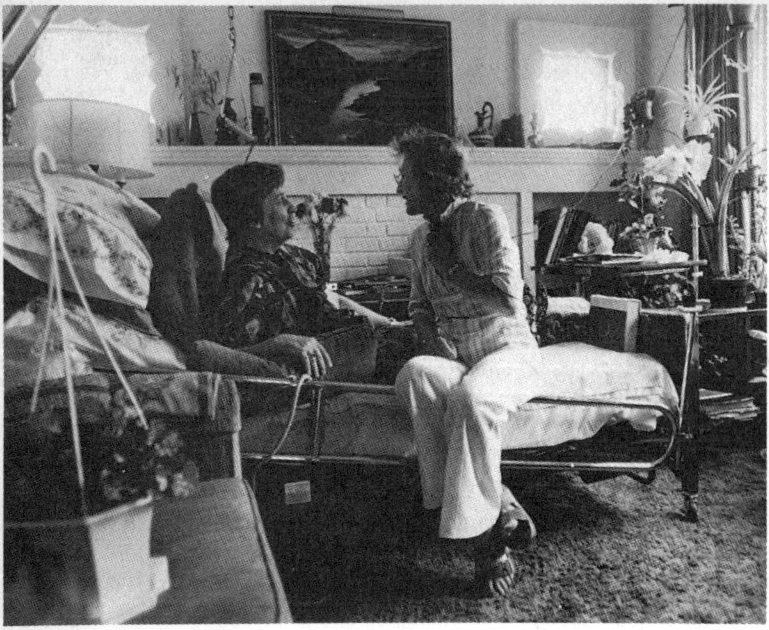

Elisabeth Kübler-Ross zu Besuch bei Louise

Mir schrieb sie über ihre Gedanken und Erfahrungen der letzten Zeit folgendes:

»Vielleicht interessiert es Sie, zu hören, daß ich Angst davor habe, einmal so stark unter Betäubungsmittel gesetzt zu werden, daß ich nicht mehr weiß, was ich tue, und in diesem Zustand vielleicht mit meiner Unterschrift bestätige, daß ich mit einer Operation oder mit dem Verkauf meines Hauses oder ähnlichem einverstanden bin. Natürlich wissen die Leute im Krankenhaus, daß die Menschen auf große Dosen von Medikamenten unterschiedlich reagieren. Ein Arzt war überzeugt davon, daß ich während seiner Visite bei klarem Bewußtsein war, während ich bei anderen Ärzten unzusammenhängendes Zeug redete. Er bestand mit großer Sicherheit darauf, daß ich gewußt hätte, was ich sagte und was ich tat. Aber wenn das so war, warum weiß ich dann heute gar nichts mehr davon? Wo verläuft die feine Grenze zwischen dem Zustand, der nach der Einnahme einer Überdosis von Medikamenten eintritt, und dem anderen Zustand, in dem man noch klar erkennt, daß ein und dieselbe Dosis bei verschiedenen Leuten verschiedene Wirkungen hervorrufen kann? Ich kann schon nach einer Novocain-Spritze vom Zahnarzt ›high‹ sein. Könnte eine Behandlung mit schmerzstillenden Mitteln nicht denselben Effekt haben? Wie kann man dann aber noch verantwortlich seine eigenen Angelegenheiten regeln?

Nun zu meinem Haus. Sobald mein Kopf wieder so klar war, daß ich erkannte, wo ich mich befand – nämlich in einem Pflegeheim –, konnte ich auch wieder aktiv werden und darauf hinarbeiten, daß ich nach Hause zurückkam. Ich bin felsenfest davon überzeugt, daß der Aufenthalt zu Hause mir wieder neues Leben gegeben hat – eher jedenfalls als der Aufenthalt in einem Zimmer, in dem ich rechts von mir einen senilen Patienten liegen hatte und linker Hand auf einen riesigen leeren Parkplatz schaute. Meine beiden Hunde begrüßten mich mit geradezu rührender Liebe und Begeisterung, und das war die beste Medizin für mich. Treue Freunde und Nachbarn, manchmal auch eine Krankenschwester oder ein Dienstmädchen, halfen mir. Es war warm. Es war mein Zuhause. Die anderen ermutigten mich, meine Angelegenheiten so weit wie möglich selbst zu regeln, aber wenn ich Hilfe brauchte, waren sie da: wenn es um mein Scheckheft ging oder wenn ich mir über irgend etwas klar werden mußte, das ich vergessen hatte. Ich mußte wieder schreiben und auch ein wenig rechnen lernen. Aber langsam kam alles wieder, und heute bin ich stolz darauf, wenn ich anderen helfen kann, Arbeitspläne aufzustellen oder Arbeitsmethoden zu überdenken. Ich bin ein sehr aktiver Mensch, und das alles hat meinem Leben wirklich neuen Inhalt gegeben. Ich spüre, daß meine Fortschritte auch für meine Helfer wertvoll sind, denn sie können, was sie bei mir gelernt haben, eines Tages wieder für andere Menschen fruchtbar machen. Sie werden ihre Kenntnisse und Erfahrungen einmal beruflich nutzen können. So ist die Hilfe, die sie mir leisten, auch für mich eine Art Lebensinhalt und gibt meinem Dasein einen Sinn. Das ist etwas ganz anderes, als wenn man mich wie einen x-beliebigen Invaliden behandelt, der halt eines Tages sterben muß.

Allerdings wünschte ich, ich hätte schon früher mit meinen Freunden über meine Krebskrankheit gesprochen. Ich weiß, daß ihre Gebete mir geholfen hätten. Durch die Besuche bei einem Heiler bin ich Christus begegnet, und daraufhin änderte ich auch die Art und Weise meiner eigenen Beratungstätigkeit. Es entstand eine kleine, sehr persönliche Gebetsgemeinschaft hier bei mir zu Hause. Sie hat mir unendlich viel bedeutet.

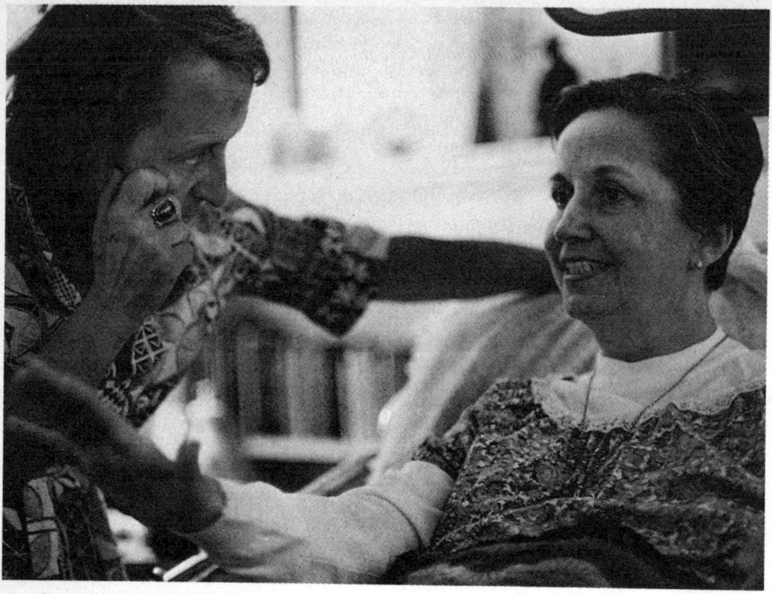

Louise beschreibt Elisabeth-Kübler-Ross die Erfahrung ihrer Heilung

Bevor Sie nach Australien fuhren, Elisabeth, riefen Sie mich mehrmals an, und diese Anrufe veranlaßten mich, über mein Verhältnis zu Tod und Sterben nachzudenken. Ich stellte fest, daß beides nicht mehr meine größte Sorge war. Einige Tage lang lebte ich in einer gewissen Unruhe über mein jetziges Leben. Freunde, die mich unmittelbar nach meinem Krankenhausaufenthalt besuchten, hatten damals den Eindruck, daß ich gegen Gott und gegen meinen eigenen Glauben revoltierte. Ich tobte und wütete gegen mein Schicksal, und sie hatten ganz und gar nicht den Eindruck, daß ich meine Krankheit geduldig annahm. Aber dann dachte ich über alles nach, was Sie zu mir gesagt hatten, und auf einmal erkannte ich, daß ich zum Frieden mit Gott gefunden hatte. Obwohl ich im Grunde noch Angst davor hatte, für immer bettlägerig zu sein, hatte ich doch zum ersten Mal wirklich inneren Frieden.
Einige Zeit später hatte ich merkwürdigerweise das Gefühl, ich würde wieder im Rollstuhl sitzen und sogar stehen können. Es war schon eine große Sache, Elisabeth, daß ich den Rollstuhl vom Parterre hochschaf-

Louise und Elisabeth Kübler-Ross

Elisabeth Kübler-Ross bringt Louise die Urne für ihre Asche

fen ließ. Ich hatte eine genaue Vorstellung davon, wie ich über ein vorbereitetes Brett vom Bett zum Rollstuhl rutschen könnte. Und siehe da, es gelang, und ich konnte wieder an einem Tisch sitzen und malen!
An einem anderen Tag wußte ich nach der Gebetsgemeinschaft plötzlich, daß ich wieder stehen konnte. Auch diese Ahnung bewahrheitete sich. Ich konnte in meinem Gehwagen stehen, zwar nur für kurze Zeit, aber immerhin. Ich hatte danach aufgrund einer Muskelentzündung und einer Magenverstimmung einen Rückfall. Aber ich weiß, ich werde wieder stehen und auch wieder in meinem Stuhl sitzen.
Am vergangenen Sonntag, dem 7. Mai 1978, wurde ich um drei Uhr früh plötzlich wach. Ich lag da und überlegte, was mir geschah, als ich von einem unsagbaren Gefühl des Wohlbehagens erfaßt wurde und eine Art Botschaft empfing: ›Es wird dir wieder gut gehen.‹ Ich erzählte sofort meiner Nachtschwester davon, aber sie war zu schläfrig, um es recht aufzunehmen. Dann hörte sie jedoch, wie ich morgens der Tagschwester davon erzählte, und da sagte sie: ›Ach richtig, jetzt

erinnere ich mich daran, daß Sie mir das heute nacht erzählt haben.‹ Da erzählte ich es beiden noch einmal; ich hatte das Gefühl, daß es sehr wichtig für sie war. Ich weiß, daß ich mehrmals zu ihnen davon gesprochen habe, damit sie es später auch bezeugen könnten. Ich fühlte mich so wohl, so kräftig und gesund, als ob ich mein Bett wirklich verlassen und umhergehen könnte. Ich unterließ es – nicht aus Angst, sondern aus Vorsicht. Ich wollte nicht noch einmal einen Rückfall erleben. Aber ich spürte, daß es nicht mehr lang dauern würde.

Ich möchte hier auch ausdrücklich schriftlich festhalten, daß meine Brust inzwischen geheilt ist, und außerdem habe ich festgestellt, daß mein Asthma mich schon seit langem nicht mehr quält.

Ich wünschte, die Ärzte wüßten, wozu ihre Visiten gut sind. Vielleicht können sie ja wirklich nichts für mich tun, weil ich die Chemotherapie und die anderen Behandlungsmethoden abgelehnt habe. Aber ich würde schon allein deswegen gern einen Arzt bezahlen, damit er mir nur einmal sagte, daß ich das tue, was für mich richtig ist. Wenn man diesen Weg ganz allein gehen muß, dann macht einem das manchmal Angst. Bei jeder kleinen Veränderung denkt man, der Krebs hätte sich vielleicht ausgebreitet. Natürlich, wenn ich mich irgendeiner regelmäßigen Behandlung unterzöge, dann käme auch regelmäßig jemand, um nach mir zu sehen. So aber bin ich völlig isoliert, und die Ärzte wollen noch nicht einmal zugeben, daß sie mich überhaupt kennen. Kann man denn so etwas nicht einmal erreichen, wenn man dafür bezahlt? Als mich mein Arzt neulich endlich wieder einmal besuchte, brach ich plötzlich völlig unkontrolliert in Tränen aus. Ich hatte heftige Schmerzen – von ganz simplen Blähungen nämlich –, aber glauben Sie mir, in den Augen der Ärzte hat ein Krebspatient nie etwas Simples. Sie haben einfach Angst, weil sie im Grunde so wenig wissen.

Nachdem mir klar geworden war, daß ich offenbar nicht, wie erwartet, sterben würde, sagte ich bei mir selbst: ›Verdammt, dann werde ich wieder anfangen zu leben!‹ Mit neuem Eifer machte ich mich ans Malen und an andere Aktivitäten. Aber jetzt muß ich mir auch sehr sorgsam überlegen, wie ich meine Finanzdecke strecken kann, damit mein Geld zum Leben reicht. Wenn ich einmal keine bezahlte Hilfe mehr brauche, kann ich vielleicht so viel verdienen, daß ich meinen Lebensunterhalt selbst bestreite. Vielleicht tut sich da irgendein Weg auf.

Nun zu meinem Glauben an ein Leben nach dem Tode. Sie haben mich danach gefragt. Ich habe schon immer daran geglaubt, und seit ich Sie kenne, bin ich in diesem Glauben noch bestätigt worden. Ich habe mir auch immer vorgestellt, daß ich früher schon einmal auf der Erde war. Ich mußte noch einmal zurückkehren, um Unfertiges zu vollenden und um eine Botschaft auszurichten, für die ich vorbereitet worden war. Ich

war vertraut mit Cecilia und Gentry, meinen beiden Führern, und ich freue mich auf die Zeit nach meinem physischen Tod, wenn ich wieder bei ihnen bin und von ihnen noch mehr lerne. Ich glaube wirklich, daß wir hier und dort lernen – so lange, bis wir es wert sind, unsere verbleibende Zeit bei IHM, ›der Quelle‹, zu verbringen. Ich glaube, daß wir auch eine Zeitlang mit unseren Lieben zusammen sein werden – jedenfalls so lange, wie es nötig ist. Und wenn wir dann bereit sind, noch mehr zu lernen, dann werden wir mit einem weiteren Auftrag auf die Erde gesandt.
Seit meiner Scheidung habe ich viele neue Freundschaften geschlossen. Ich bin sehr glücklich über sie. Diese Freunde sind so anders als meine früheren Freunde. Der Weg, den wir zusammen gehen, ist wunderbar und beglückend, und unsere Beziehung ist aufrichtig und echt. Ich fühle mich in alledem regelrecht bevorzugt. Ich glaube fest daran, daß wir auf dieser Erde die Hände und Füße unseres Herrn sein und daß wir die Arbeit tun sollen, die er nicht mehr selbst tun kann. Er starb für uns, damit wir für ihn leben und ihm dienen und das Leben in dieser Welt schöner machen, als es bisher ist.«

Als der letzte Schnee schmolz und die ersten Blumen herauskamen, bemerkte Louise, daß der Umfang ihres aufgeschwollenen Leibes zurückging und daß die so häßlich aussehende Brust zu heilen begann. Ihr allgemeines Wohlbefinden erregte ihr höchstes Erstaunen. Sie konnte langsam wieder aufrecht im Bett sitzen und ihre Malerei wiederaufnehmen. Im April konnte sie das Bett verlassen und im Rollstuhl sitzen. Sie holte sich Leinwand und Farbpinsel ans Bett und widmete sich ihrer Lieblingsbeschäftigung. Einige Monate vorher wäre das undenkbar gewesen.

Anfang Mai rief Louise mich an. Überglücklich sagte sie mir, sie sei davon überzeugt, ein Heilungsprozeß habe eingesetzt und sie sei auf dem Wege der Besserung. Zum ersten Mal seit Monaten konnte sie wieder stehen. Es gab in ihrem Leben keine Ängste, keine Schuld und nichts Unerledigtes mehr; so konnte sie alle ihre innere Energie auf ihre physische Heilung verwenden.

Zu jener Zeit wußten wir noch nicht, ob hier wirklich eine bösartige Krankheit heilte, die überhaupt nicht behandelt worden war – zumindest aus dem Blickwinkel heutiger moderner medizinischer Wissenschaft nicht. Aber das ist auch nicht das Wichtigste an diesem Fall. Uns, die wir sie kannten und liebten, war ihre Tapferkeit ein leuchtendes Vorbild. Sie zeigte uns, welchen Mut ein Patient noch aufbringen kann, wenn er entschlossen ist, seine Krankheit und sein Leben auf dieser Erde in den Griff zu bekommen.

Louise hatte jede nur mögliche geistige und emotionale Hilfe erhalten. Wir konnten ihr aufgrund unserer Erfahrungen dazu verhelfen, alles Negative und alles Unerledigte, das sie in ihrem Leben mit sich herumschleppte, loszuwerden. Und so hatte sie sich aller Furcht, Schuld, Scham und Reue entledigt. Man weiß ja, daß die Persönlichkeit eines Menschen von vier Parametern bestimmt wird, nämlich von den Bereichen der Physis, der Spiritualität, der Intellektualität und der Emotionalität. Wenn diese Bereiche miteinander harmonieren, dann geht es einem Menschen gut. Vielleicht hat sich die Medizin bis heute zu ausschließlich nur um die Physis des Menschen gekümmert und die anderen Bereiche dabei vernachlässigt. In Louises Fall konnten wir sehen, daß ihr Heilungsprozeß in einem deutlichen Zusammenhang mit dem geistlichen und emotionalen Aspekt ihrer Persönlichkeit stand. Aufgrund ihrer Intelligenz, ihrer Einsicht und ihrer eigenen Intuition konnte sie ihr Selbst in eine innere Harmonie bringen und mit Würde auf ihre letzten Tage hinleben.

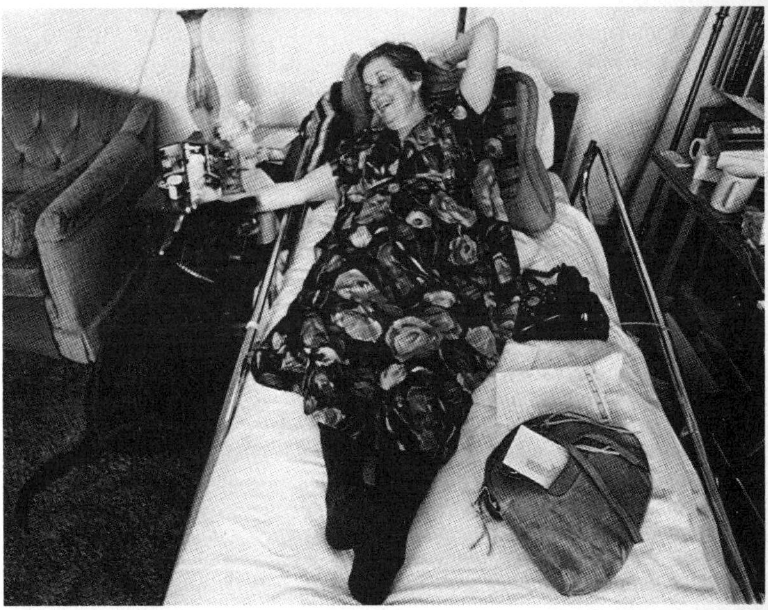

Louise zu Hause, mit einem ihrer Hunde

Redaktionelle Notiz: Der folgende Brief wurde Ende Mai 1978, also zwei Monate vor Louises Tod, an Mal Warshaw geschrieben.

»... Ich will also versuchen, die leeren Flecke in meinem Leben ein wenig für Sie aufzufüllen. Ich bin als drittes Kind englisch-deutscher Eltern in Cleveland geboren. Von meinem Vater her erbte ich eine große Liebe zur Natur – und zu Büchern. Mit 21 heiratete ich und zog, wie viele andere junge Ehefrauen, mit meinem Mann von einer Garnison zur andern, bis er schließlich während des Zweiten Weltkriegs nach Südamerika versetzt wurde. 1944 wurde unser erstes Kind geboren – eine Tochter. Ihr Vater sah sie zum ersten Mal, als sie bereits ein Jahr alt war. Pflichtschuldig zog ich meine Kinder auf, bis sie so groß waren, daß ich es mir leisten konnte, hin und wieder eine Abendschulklasse in einem nahegelegenen College zu besuchen. Damit eröffnete sich mir eine neue Welt. Mein Gemeindepfarrer, eine außergewöhnliche, bemerkenswerte und verständnisvolle Persönlichkeit, bildete mich für den kirchlichen Besuchsdienst aus. Das war sozusagen die erste Vorbereitung auf meine spätere Tätigkeit im Krankenhaus. In den Ferien zogen wir auf Camping-Touren und freuten uns an der schönen Natur. Mein Mann war recht beschlagen in Flora und Fauna und bestärkte mich in meiner ohnehin schon vorhandenen Naturverbundenheit. Ich habe ihm hier viel zu verdanken, denn als sich später herausstellte, daß ich Krebs hatte, war meine Liebe zu Tieren und Pflanzen das einzige, was mich aufrechthielt. Ich strengte mich an, alles mögliche zu betrachten, zu beriechen und zu betasten, solange ich noch am Leben und noch nicht gänzlich ans Bett gefesselt war. Ich möchte mich so gern bei ihm für alles, was er mir auf diesem Gebiet beigebracht hat, bedanken, aber es ist noch nie leicht gewesen, ihm für etwas zu danken – solch ein Versuch wurde immer gleich abgeschnitten; und jetzt, da wir geschieden sind, ist es noch schwieriger, weil er anscheinend mit einer anderen zusammenlebt und ich nicht möchte, daß er meinen Dank mißversteht. Ich ging also immer wieder einmal in die Abendschulklassen im Baldwin-College, bis Freunde mir schließlich finanziell und auch psychologisch unter die Arme griffen und mich dazu ermutigten, die beiden letzten College-Jahre regulär zu absolvieren. Ich wurde 1972 graduiert – ich erwarb den Bachelor of Arts in Soziologie mit Nebenfach Psychologie. Aufgrund dieser Ausbildung wurde ich Sozialarbeiterin am örtlichen Kankenhaus. Man vertraute mir den Aufbau der ersten Sozialstation an und machte mich zu deren Direktor. Schon bald merkte ich, daß sowohl die Ärzte als auch die Patienten immer wieder Menschen suchten, die am Ort wohnten und bereit und fähig waren, für Patienten zu sorgen. Allmählich wurde es die Hauptaufgabe der So-

zialstation, solche Menschen zu erfassen und zu sammeln und bei der Entlassung von Patienten vermittelnd und beratend tätig zu werden. Diese Abteilung erschien einigen von der Verwaltung, die noch nie mit Sozialarbeitern zusammengearbeitet hatten, verdächtig fortschrittlich; aber es war einfach wunderbar, dort zu arbeiten, denn es war eine Tätigkeit, die kirchliches und soziales Handeln miteinander verband. Die Arbeit war ideal und für mich wie geschaffen, und Sie können sich vorstellen, wie bitter es für mich war, als ich sie aufgeben mußte, weil ich sie nicht mehr schaffte. Ich hatte Knochenkrebs und hatte oft, wetterbedingt, so große Schmerzen, daß ich nicht mehr täglich nach draußen gehen konnte.
Als ich erfuhr, daß sich bei mir ein zweiter Knoten gebildet hatte, reagierte ich ganz typisch. (Der erste Knoten war in der anderen Brust und war durch eine Operation entfernt worden.) Nach dem Eingriff ging es mir im Krankenhaus gut: Ich zog mir meinen Morgenrock an, besuchte Patienten und tat meine Sozialarbeit, und die Ärzte und Schwestern halfen mir, so gut sie konnten. Aber als ich nach Hause kam, erkannte ich, daß ich ohne dieses unterstützende Team wohl nie eine Brustamputation durchstehen würde. Mein Mann wollte die kleine Narbe, die von der Entfernung des Knotens zurückgeblieben war, nicht einmal ansehen, und ich war damit ganz allein. Im Jahr darauf wurde dann der zweite Knoten gefunden, und als der Arzt mir das Ergebnis der Untersuchung mitgeteilt hatte, sagte ich es meinem Mann. Ich saß weinend im Schaukelstuhl, aber er brachte es nicht einmal fertig, mich anzusehen. Vielmehr sah er die Wirtschaftsnachrichten im Fernsehen, und dann las er weiter in seinem Magazin. Er nahm mich nicht in die Arme, er fand kein Wort der Besänftigung oder des Trostes. Nicht eines. In dem Augenblick beschloß ich, mich lieber von diesem Mann scheiden zu lassen, als voll Zorn und Bitterkeit weiter neben ihm zu leben. Erst viel später wurde mir klar, daß dieser Mann das Bedürfnis hatte, vor solch einer schlimmen Nachricht einfach davonzulaufen. Damals dachte ich aber über seine Bedürfnisse nicht weiter nach.
Ich ging nicht zum Chirurgen, wie mein Arzt empfohlen hatte. Erst als sich im Lauf des Winters eine Grippe entwickelte, erfuhr mein Arzt, daß ich nicht ins Krankenhaus wollte – man sollte dort nicht durch mein Krankenblatt über meinen Krebs informiert werden. Inzwischen war der Knoten größer als ein halber Dollar. Als der Arzt mich untersuchte, sagte ich zu ihm, er solle mir keine falschen Hoffnungen machen. Aber er ließ sich nur auf einen Stuhl fallen und sagte: ›Frau D., ich mache Ihnen überhaupt keine Hoffnung. Wahrscheinlich wird das Ding bald durchbrechen.‹ Weil er so sehr nett war, ließ ich mich zu einer Chemotherapie überreden und erhielt gleich eine dementsprechende Rezep-

tur. Ich erwartete Besuch für das Wochenende und beschloß daher, erst am Montag mit der Einnahme der Medikamente zu beginnen. Am Freitagabend wollte ich, wie üblich, ein wenig malen, stellte aber dazu nicht das Radio an, sondern legte eine Platte mit dem ›Messias‹ auf. Als ich dann anfing zu malen, *spürte* ich plötzlich die überwältigende Botschaft: ›Nein, zum Teufel, diese Medikamente kannst du nicht einnehmen!‹ Ich rief einen Freund an, der Psychologe ist, und fragte, was er von der Sache halte. Wir waren beide der Meinung, daß es sich hier um eine zutiefst echte und richtige Reaktion meinerseits handelte und daß ich ihr folgen sollte.

Am folgenden Montag erklärte ich meinem Arzt, warum ich die Medikamente nicht einnehmen konnte, und er nickte nur traurig mit dem Kopf. Sein eigener Vater hatte auch Krebs und wollte ebenfalls ohne Arznei leben, und wir hofften beide, wir könnten dem Arzt klarmachen, was Patienten fühlen.

Wenn man im Krankenhaus arbeitet, merkt man bald, daß der Tod nicht nur alte Menschen holt und daß er auch hinsichtlich der Art der Krankheit nicht wählerisch ist. Ich glaube, ich habe nie das ›Warum-ausgerechnet-ich?‹-Stadium durchlaufen. Ich habe zu viele Menschen gesehen, für deren Sterben es kein ›Warum?‹ gab. Ich habe auch nie Angst vor dem Sterben gehabt, denn ich wußte, ich würde nach Hause kommen, und insofern war der Tod ein freundliches, wenn auch nicht völlig mit dem Verstand zu erfassendes Geschehen.

Durch einige Literatur, die den Abteilungsleitern des Krankenhauses zuging, erfuhr ich, daß Elisabeth in Sylvania/Ohio einen Kurs über ›Leben, Tod und Übergang‹ abhielt. Ich war der einzige Krebspatient, der daran teilnahm. Zuvor hatte ich schon ihr Buch ›Interviews mit Sterbenden‹ gelesen.

Ich erinnere mich, daß Elisabeth mich während dieses Kurses in einer sehr stillen Weise unterstützte. Als alle anderen mich bestürmten, ich solle mir doch eine Brust abnehmen lassen, schwieg sie – und fragte dann, ob und wie sie mir bei der Bewältigung meiner Krankheit und bei den Entscheidungen, die ich zu treffen hatte, helfen könnte. Als sie von einem Leben nach dem Tode sprach, begegneten sich unsere Blicke. Da wußten wir beide, daß wir schon dort gewesen waren, und wir verstanden einander. Seitdem sind wir füreinander wie Schwestern gewesen.

In der darauffolgenden Zeit las ich viele der Bücher, die mir Elisabeth auf einer Bücherliste empfohlen hatte. Diese Lektüre bestätigte mich in meiner Entscheidung. Ich begann mich auf das zu freuen, was mir bevorstand, denn ich glaubte fest daran, daß jeden von uns das ewige Leben erwartet.

Mit Elisabeth verbindet mich eine wunderbare Freundschaft. Sie stimmt mit vielen meiner Überzeugungen überein und läßt mich an ihrer visionären Schau der Zukunft teilhaben. Sie hat mich oft besucht, wenn ich unter heftigen Schmerzen zu leiden hatte. Für diese Besuche hat sie manche Unbequemlichkeit in Kauf genommen. In allen Stadien meiner Krankheit war sie mir Stärkung und Trost.
Nach dem Kurs mit Elisabeth und nachdem ich so viele Bücher über dieses Thema gelesen hatte, redete ich natürlich mit meinen nächsten Freunden über all diese wundervollen und erregenden Gedanken. Ich muß sagen, daß sich mir eine völlig neue Welt eröffnete und daß ich viel tiefer als je zuvor über das Leben nach dem Tode nachdachte. Die Spekulation über die Zukunft erregte mich zutiefst, und der Gedanke an den Tod nahm völlig neue Dimensionen an, denn er begegnete mir sozusagen auf dem Hintergrund der Reinkarnation. Ich hatte keine Angst mehr vor dem Unbekannten, sondern ich lebte in der Gewißheit, daß ich bereits zuvor hier gewesen war und daß das Leben weitergehen würde. Natürlich konnte ich hierüber nicht mit meinen Patienten sprechen; aber da ich jetzt darauf eingestimmt war, Dinge zu hören, die ich vorher nicht wahrgenommen hatte, ›hörte‹ ich jetzt auch Patienten, die dasselbe glaubten wie ich, und wenn ich ihnen beim Abschiednehmen in die Augen sah, war ich überzeugt davon, daß sie so gut wie ich wußten, daß wir einander wieder begegnen würden.

Im vorigen Jahr sagte Elisabeth nach einem Besuch, sie wolle mir gern etwas schenken. Sie lud mich zusammen mit ihren Freunden, die mit ihr an den Forschungen über ein Leben nach dem Tode beteiligt sind, zu sich nach Hause ein. Ich blieb nur für eine Nacht – aber was haben mir diese kurzen Stunden bedeutet! Dort hatte ich das große und seltene Glück, meinen Führern und Seelengefährten, Cecilia und Gentry, zu begegnen. Ich durfte sie berühren, und sie führten mich – ohne daß ich der Hilfe meines Gehwagens bedurft hätte – in ein kleines Zimmer. Dort waren wir allein und konnten uns ungestört unterhalten. Ich konnte Fragen über das jetzige Leben und über das Leben nach dem Tode stellen, und sie beantworteten sie, soweit sie das vermochten. Es entstand eine sehr herzliche und liebevolle Beziehung zwischen uns dreien. Im Verlauf der Begegnung erfuhr ich, daß Cecilia diejenige ist, die mir beim Malen hilft. Vor 1973 hatte ich noch nie mit Farben gemalt; wenn ich überhaupt etwas zeichnete, dann waren es höchstens Strichmännchen. Aber dann bekam ich zu Weihnachten das Zubehör zur Ölmalerei geschenkt, und ich malte die schönsten Bilder aller Art. Ich war weder auf eine bestimmte Gattung noch auf ein bestimmtes Thema spezialisiert und besuchte lediglich einige wenige Kursabende

an der Volkshochschule. Vom Portrait bis zur Landschaft – nichts war mir mehr unmöglich.
Während meiner Krankheit stand mir von meinen drei Kindern Tom, der älteste Sohn, am nächsten. Er war in Vietnam gewesen und war dort überall dem Tod begegnet, ja er war in enge Berührung mit ihm gekommen, und so war es für ihn leichter als für die anderen, mit mir über meine Krankheit und über meinen bevorstehenden Tod zu sprechen. Als ich im Krankenhaus lag, war er den größten Teil der Zeit bei mir. Ihm fiel das schwere Los zu, Entscheidungen für mich fällen zu müssen, von denen ich, wie er später merkte, überhaupt nichts mehr wußte, obwohl er sie ausführlich mit mir besprochen hatte: so zum Beispiel die Entscheidung, mein Haus zu verkaufen und in ein Pflegeheim überzusiedeln. Wirklich, es lag eine schwere Last auf seinen Schultern – dies um so mehr, als wir früher nie über meine Pläne gesprochen hatten. Aber er drückte sich nicht davor. Später, als ich im Pflegeheim war, konnte dann sein Bruder Paul zeitweilig seine Arbeitsstelle verlassen und Tom etwas entlasten. Anders als Tom war Paul noch nie mit dem Tod eines geliebten Menschen konfrontiert gewesen, und es zerriß ihm fast das Herz, als ich ihn einmal nicht erkannte (weil ich unter der Einwirkung von Betäubungsmitteln stand). Wir hatten einander alle sehr nahegestanden, und es fiel den Kindern sehr schwer, daß sie mich in ein Pflegeheim geben mußten. Meine Tochter hatte ihre eigenen Probleme, von denen wir nichts weiter wußten; sie überließ alles, was mich betraf, den Jungen. Tom blieb bei mir, bis ich wieder nach Hause kam und eine angemessene Hilfe gefunden hatte, die auch bei mir blieb.

Während eines ihrer zahlreichen Besuche fragte Elisabeth mich wieder einmal – wie so oft –, ob sie etwas für mich tun könne. Ich hatte über meine Beerdigung nachgedacht. Das einzige, womit ich noch nicht zu Rande gekommen war, war die Frage nach einer Urne für meine Asche. Elisabeth reiste so viel in der Welt umher, sie würde sicher die Art von Urne finden, die mir vorschwebte. Zudem: Wer sonst hätte mir so nahegestanden, daß ich ihn gerade um diesen Gefallen hätte bitten können? War es nicht so, daß Elisabeth mich auf meinem ganzen Weg begleitet und mich bei der Hand gehalten hatte? Von Anfang an hatte ich mich jederzeit an sie wenden können, und das nicht nur in Fragen, die mich, sondern auch bei Problemen, die meine Patienten betrafen. Es erschien mir wie ein Privileg, daß sie sich Zeit nehmen würde, um für mich einzukaufen!
Wie sehr hatte ich mich verändert! Im Anfang war ich mühselig dahergestolpert und hatte darum gekämpft, daß ich mein Los akzeptie-

ren konnte, und jetzt hatte ich den Punkt erreicht, an dem ich mit Freunden ruhig über alles sprechen konnte, was noch zu tun war – bis hin zum Kauf der Urne für meine Asche. Ich wußte, daß ich die Freiheit hatte, sie darum zu bitten. Das ist Freundschaft!«

Redaktionelle Notiz: Louise starb im Juli 1978. In einer Trauerfeier am 22. Juli hielt Elisabeth Kübler-Ross die folgende Ansprache.

»Das letzte Versprechen, das ich Louise gab, war, daß ich heute hier sein würde, um mit Ihnen über die Bedeutung ihrer Krankheit und ihrer letzten Lebensmonate nachzudenken. Es waren ganz besondere, völlig aus dem üblichen Rahmen fallende Monate, wie eben Louise selbst etwas ganz Besonderes für uns alle war. Sie ist ein Symbol für uns geworden. Sie hat ein Beispiel dafür gesetzt, was es heißt, von dem Recht des Menschen auf *freie Wahl* Gebrauch zu machen.
Sie wählte nicht nur den Weg des Dienstes für ihre Kirche und für ihre Patienten; nein, sie faßte auch den nicht so ganz leichten Entschluß, zu akzeptieren, daß sie Krebs hatte. Sie faßte den Entschluß, *damit zu leben.* Sie lebte wirklich damit. Sie liebte ihren Körper und entschloß sich, auf jeden chirurgischen Eingriff zu verzichten; und dann übertraf die Zeit, die sie mit dieser Krankheit lebte, bei weitem alle medizinischen und wissenschaftlichen Vorhersagen und Erwartungen. Aber Louise ist nicht nur deswegen für uns ein Beispiel, weil ihr trotz ihres Verzichtes auf jegliche konventionelle Behandlung so viel Lebenszeit blieb; von noch viel größerer Bedeutung für uns, die wir sie kannten, und für Hunderttausende, die mit ihrem Leben noch in Berührung kommen werden, ist die Art und Weise, wie sie die ihr geschenkte Zeit genutzt und was sie aus ihr gemacht hat.
Anstatt bitter zu werden, weil sie vorzeitig pensioniert wurde, ließ sie bedürftige Leute und verunsicherte Patienten in ihr Haus kommen und wurde ihnen zum Segen.
Anstatt sich nacheinander mehreren Operationen oder einer Chemotherapie oder einer Reihe von Bestrahlungen zu unterziehen, nutzte sie ihre eigene positive Energie, ihre Liebe und ihre Selbstheilungskräfte, um die Ausbreitung der bösartigen Krankheit unter Kontrolle zu halten.
Anstatt sich der Depression und der Verzweiflung über ihre Hinfälligkeit zu überlassen, richtete sie ihr Heim so ein, daß sie bis zum Schluß tätig sein konnte und für alle, die sie besuchten, Aufmunterung und Trost bereit hatte.
Anstatt es anderen zu überlassen, sie in ein Krankenhaus oder Pflegeheim zu überweisen und dort ein Leben in Abhängigkeit und unter dem

Einfluß von Betäubungsmitteln zu leben, sorgte sie selbst dafür, daß sie entlassen wurde, und fing zu Hause an, Bilder zu malen. Sie lebte lange genug, um eine Ausstellung ihrer Gemälde zu erleben und die Freude an ihren Werken mit den Menschen, die sie lieb hatte, zu teilen.
Sie wurde zum Segen für andere, und deswegen wurden ihre Kinder, ihre Freunde und Nachbarn, die sie nicht im Stich ließen, auch zum Segen für sie. Besonders möchte ich hier die Damen erwähnen, die ihre letzte Pflege zu Hause übernommen haben. Sie sorgten nicht nur für ihr leibliches Wohl; sie waren für sie wie gute Engel. Sie umgaben sie mit Liebe und Fürsorge und achteten darauf, daß alle ihre Wünsche und Bedürfnisse erfüllt wurden. Ihnen möchte ich ganz besonders für ihre bedingungslose Liebe danken.
Wie Louise lebte, so starb sie auch: in einem starken Glauben. Sie kannte ihre himmlischen Führer und freute sich auf ihr Hinübergehen, und sie schob ihren Tod so lange hinaus, bis sie das ganze Manuskript dieses Buches, soweit es sie betraf, gelesen hatte. Ich saß neben ihr, und sie stimmte dem Text und auch der Gestaltung des Umschlags zu. Noch heute sehe ich ihr leuchtendes Gesicht über dem Buch. Sie wußte, daß das Buch zu Weihnachten erscheinen würde und daß es nicht nur das Zeugnis ihres tapferen Kampfes sein würde, sondern ein Geschenk für die Welt, ein Beispiel dafür, daß ein Mensch fähig war, anzunehmen, was ihm auferlegt war – alles anzunehmen, auch alles, was zu ihm gehörte, sich selbst, seinen Verstand, sein Gefühl, seinen Geist, seinen Körper und auch seinen Krebs.
Sie alle, die Sie hier sind, sind ihr zum Segen geworden. Und in gleicher Weise ist sie uns zum Segen geworden.«

ALTERNATIVEN ZUR PFLEGE IM KRANKENHAUS

Jack, 71 Jahre alt, Krebspatient

Jack

Jack ist 71 Jahre alt und hat Leberkrebs. Außerdem hat er Zellgewebsentzündung, und seine Füße und Beine sind voll eitriger Geschwüre. Er kann nur noch unter Schwierigkeiten laufen. Auch hat er eine lange Geschichte als Alkoholiker hinter sich; überhaupt ist sein Leben in mancherlei Hinsicht hart und schwer gewesen. Jack war früher Bauarbeiter und Hausmeister in einem Appartementhaus. Er hat den Tod seines Sohnes erlebt, der zwei Tage vor meinem Besuch bei Jack an Lungenkrebs starb. Jack lebt in New York im St.-Rose-Heim, einem Haus, das von den Hawthorne-Dominikanerinnen unterhalten wird und in dem unheilbar Krebskranke gepflegt werden. Jack wurde im Juli 1976 von einem New Yorker Krankenhaus dorthin überwiesen. Man gab ihm damals noch zwei Wochen.

Als er ins Krankenhaus eingeliefert worden war, war es ihm in jeder Hinsicht schlecht gegangen – körperlich, emotional, geistig. Er hatte nicht mehr viel vom Leben zu erwarten. Agnes, seine zweite Frau, besuchte ihn regelmäßig im Krankenhaus und machte sich nicht mehr viel Hoffnung auf ein längeres gemeinsames Leben. Aber nach seiner Überweisung in das St.-Rose-Heim begann sich sein Zustand zu bessern. Er bekam regelmäßige Mahlzeiten, und die Schwestern versuchten, ihn zu einer Änderung seiner Lebensweise zu ermutigen. Sie versuchten, ihn wieder für das Leben zu interessieren, und halfen ihm dabei, soviel sie nur konnten. Er bekam starke Schmerzmittel, und man umgab ihn mit liebender Fürsorge, und ganz langsam und allmählich fing er an, sich für alle möglichen Tätigkeiten, die er außerhalb des Bettes tun konnte, zu interessieren. Es machte auf ihn – wie zuvor schon auf andere Leute – einen tiefen Eindruck, daß man in St. Rose Spirituosen und Bier bekommen konnte und daß er es fertigbrachte, auf übermäßigen Alkoholkonsum zu verzichten und regelmäßige gesunde Mahlzeiten zu sich zu nehmen.

Als ich mich mit Jack unterhielt, war ich von diesem Mann sehr beeindruckt. Er sah in jeder Hinsicht gut aus, abgesehen von der Tatsache, daß er sich nur schlecht fortbewegen konnte. Er saß in einem

Jack in seiner Werkstatt im St.-Rose-Heim in New York

Rollstuhl, schien aufgeschlossen und freundlich und irgendwie auch sehr stolz zu sein. Er zeigte mir das Puppenhaus, an dem zu arbeiten er gerade angefangen hatte. Diese Puppenhäuser waren für ihn nicht nur ein Mittel, sich zu beschäftigen, sondern sie machten auch viele Kinder glücklich und froh. Er arbeitete in dem Raum für Beschäftigungstherapie. Es war ein Zimmer mit großen Fenstern, Blumen auf den Fensterbänken und einem herrlichen Blick auf den Fluß. Der Tisch lag voller Farben und anderer Materialien. Jeder, der Jacks Puppenhäuser betrachtete, war beeindruckt von der Feinarbeit, die er leistete. Er richtete sein Augenmerk darauf, ein voll funktionsfähiges Puppenhaus zu bauen, ein Haus mit verstellbaren Fenstern, mit echter Elektrizität und mit handgeschnitzten Treppengeländern.

Jack bei der Arbeit an einem seiner Puppenhäuser

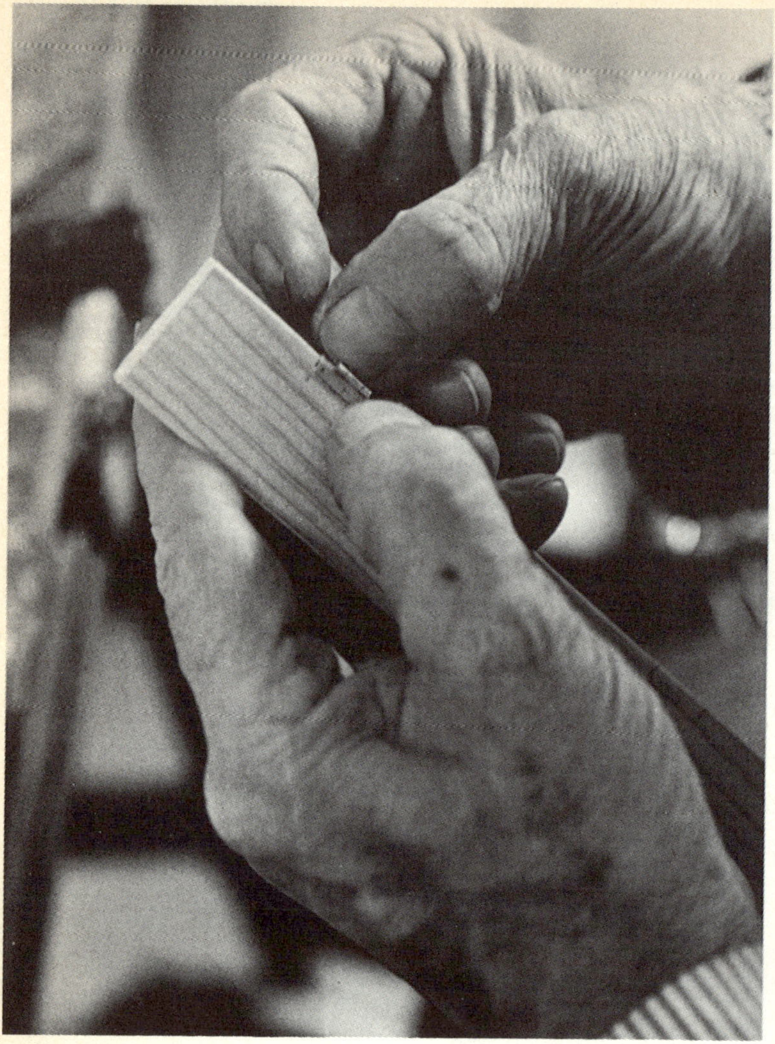

Jack bei der Arbeit

Jack in seiner Werkstatt bei der Fertigstellung des Puppenhauses

Jack hat diese Kreativität erst im Laufe des letzten Jahres entwickelt, aber er sagt voller Bescheidenheit, daß diese Arbeit für ihn nicht schwierig ist, weil er ja so lange auf dem Bau geschafft hat und viele Häuser hat in die Höhe wachsen sehen. Er versucht einfach, sich in allen Einzelheiten an die Häuser zu erinnern, an denen er mitgebaut hat, und dann baut er sie aus dem Gedächtnis nach: Miniaturhäuser für kleine Leute.

An schönen Tagen holt ihn seine Frau im Rollstuhl nach Hause. Beide erinnern sich noch lebhaft an die Zeit vor zwei Jahren, als man ihm noch zwei Wochen zu leben gab und ihn nach St. Rose überwies. Damals hatte er nicht einmal eine Ahnung davon, daß er Krebs hatte. Als ich ihn fragte, was er denn damals über seine Krankheit gedacht hätte, sagte er: »Ich dachte, ich hätte Gonorrhöe im Bein, und mein Arzt teilte mir mit, er behandele mich auf Gicht.« Ich fragte ihn, ob ihm

Messe für die todkranken Patienten im St.-Rose-Heim

denn die Schwestern nicht die Wahrheit gesagt hätten, und er erwiderte: »Die Schwestern sagten zu meiner Frau: ›Wenn Sie es ihm sagen wollen, tun Sie es. Wir sagen ihm nichts.‹«

Jack erzählte mir, daß es lange dauerte, bis er begriff, daß er Krebs hatte. Erst vor acht Monaten war ihm das klar geworden, denn »jeder, der hier hereinkommt, hat Krebs. Warum sollte da ausgerechnet ich eine Ausnahme machen?« Zu diesem Zeitpunkt fing er dann mit seinen Holzarbeiten an, und da ihm alle am Bau anfallenden Arbeiten bis hin zu Installations-, Elektriker- und Dachdeckerarbeiten vertraut waren, fand er hier ein neues Betätigungsfeld und konnte mit seinem Leben wieder etwas anfangen. Mit seinen eigenen Worten: »Wenn ich eine Idee für ein Haus habe, dann fange ich einfach an und bleibe dabei!«

Jacks Kinder, ein Sohn und eine Tochter, haben inzwischen geheiratet. Seine Enkelin hat er noch nie gesehen. Sein Sohn starb, wie gesagt, zwei Tage vor meinem Besuch, und nun hat Jack vor, zur Beerdigung zu

Jack und seine Frau Agnes auf dem Weg vom St.-Rose-Heim in einen Wochenendurlaub

Jack geht die Treppe zu seiner Wohnung hinauf

gehen. Er hofft, dort auch sein Enkelkind zu sehen. Er meint, es sei ein Vorurteil, wenn Erwachsene zögern, Kinder zu Beerdigungen mitzunehmen. Ich fragte ihn, was er davon hielte, wenn Erwachsene Kinder verschiedenen Alters zum Besuch in ein solches Heim mitnähmen. Da lächelte er breit und antwortete: »Das andere Krankenhaus habe ich verabscheut – nicht nur, weil sie mich aufgegeben hatten und mir sagten, ich hätte nur noch zwei Wochen zu leben. Nein, es war auch einfach ein schrecklicher Ort. Dorthin würde ich keinen Menschen bringen, weder Erwachsene noch Kinder. Denn die Besucher würden sich immer an diesen schlimmen Ort erinnern und würden in Gedanken eine schwere Krankheit sofort mit einem solchen Haus in Verbindung bringen. Aber hier ist es ganz anders, und ich wünschte mir, daß meine Kinder mich besuchten.«

Jack zu Hause in der Küche mit den Medikamenten für das Wochenende

Ich fragte ihn, was er täte, wenn er gerade nicht an einem Puppenhaus arbeite und nicht über das Wochenende zu Hause sei. Zufrieden und stolz erzählte er mir, daß es unter anderem zu seinen Aufgaben gehört, die Pflanzen der Patienten zu gießen, die fest bettlägerig sind. So hat er seine täglichen Pflichten.

Besonders beeindruckt war ich von der Tatsache, daß in diesem Haus Männer und Frauen in verschiedenen Gruppen sind und daß sie nicht zusammen essen. Als ich während des Mittagessens in einen der Räume sah, fand ich es zunächst recht merkwürdig, daß jeder für sich an einem Tisch saß und daß man sich nicht in eine Ecke oder an einen Tisch zusammensetzte. Aber Jack gab mir bald eine Erklärung hierfür: »Ja, es stimmt, wir sitzen beim Essen jeder allein an seinem Tisch. Als ich hierherkam, habe ich sehr schnell Beziehung zu anderen Patienten bekommen. Aber viele von ihnen starben bald, und nach einer Weile habe ich erkannt, daß ich für mich bleiben muß – jedenfalls manchmal –, damit ich mich nicht zu sehr mit anderen anfreunde und dann andauernd Abschied nehmen muß. Jeder hier weiß, wenn einer stirbt, denn

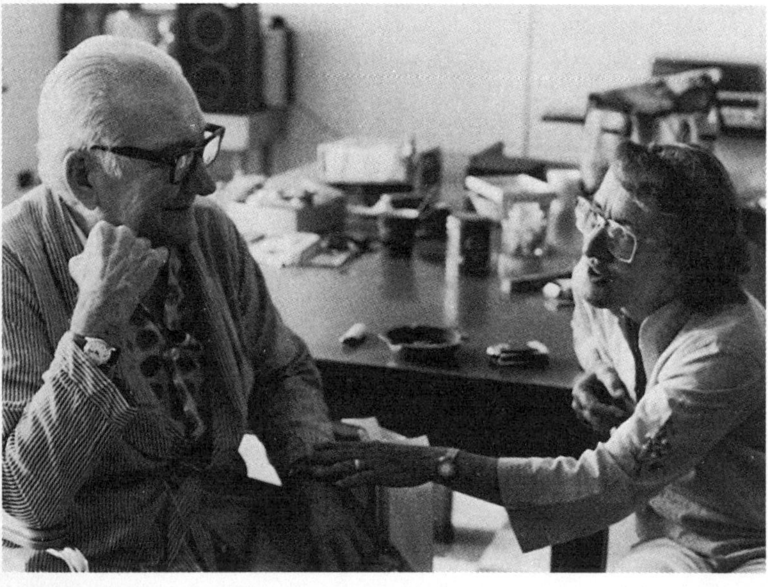

Jack während des Besuchs von Elisabeth Kübler-Ross

Jack in St. Rose beim Blumengießen

dann machen die Schwestern einfach die Tür des Betreffenden zu. Ich will nicht Abschied nehmen, wenn einer stirbt. Ich habe zwar keine Scheu oder Angst davor. Ich hoffe, daß es ein Jenseits gibt. Ich bin nicht besonders gut. Als ich herkam, war ich nicht gut. Aber die Schwestern sind wahre Engel. Sie haben aus mir einen guten Menschen gemacht, und während sie mir meine Arznei gaben, haben sie mit mir gebetet und haben mich gefragt, ob ich nicht zur Beichte gehen wolle. Das habe ich dann getan. Offenbar war die Zeit dafür reif, und ich war bereit. In dem anderen Krankenhaus wollte ich überhaupt keinen Besuch haben. Es war nicht schön dort. Es war, im Gegenteil, alles höchst deprimierend. Dort hätte ich nicht leben und nicht sterben mögen. Aber hier ist es schön. Wenn jemand stirbt, schließen sie die Tür, und man braucht nicht daran teilzuhaben. Manchmal kommen und gehen die Patienten innerhalb weniger Wochen, und ich will sie nicht kennenlernen. Nur am Anfang wollte ich das. Aber ich habe zu viele gute Freunde verloren.«

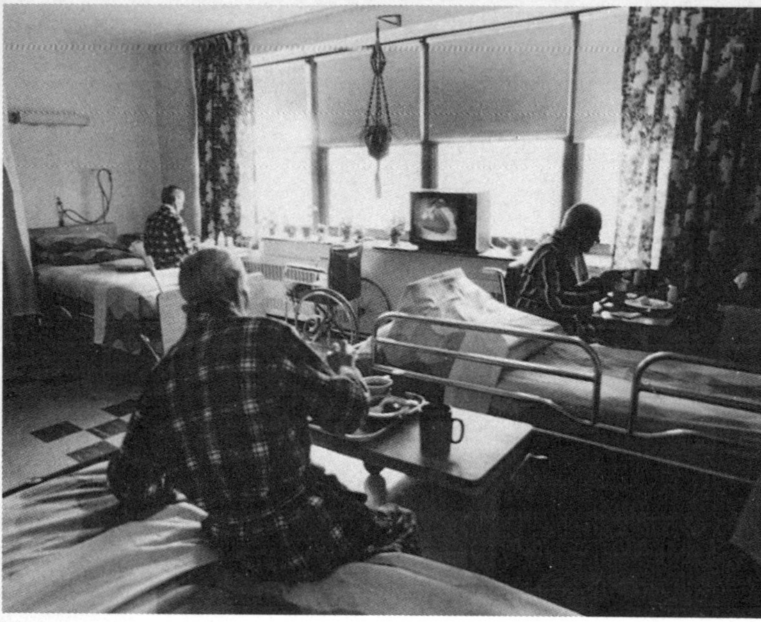

Mittagessen in St. Rose

Offenbar hat Jack einen weiten Weg hinter sich gebracht, ohne daß ihm von außen Schuldgefühle eingeredet wurden. Als er kam, akzeptierten ihn die Schwestern so, wie er war. Man kann bei ihnen Alkohol bekommen, und Jack treibt keinen Mißbrauch mehr damit. Die Beichte und gelegentliche Andachten werden angeboten, aber sie werden den Patienten nicht aufgezwungen. Es gibt genügend Schmerzmittel; die Schwestern bedienen sich auch der Brompton-Mixtur, so daß ihre Patienten aufrecht sitzen und sich beschäftigen und bis zum Ende bei vollem Bewußtsein sein können. Man kann nur hoffen, daß sie alle so kreativ werden, wie es Jack in den vergangenen zwei Jahren geworden ist. Seine Kreativität erwachte – wie bei Beth und Louise – in dem Augenblick, als er anfing, voll und ganz zu *leben.* Das kann man nur in einer menschlichen, liebevollen Umgebung, nicht aber in einem sterilen, vollmechanisierten Krankenhaus.

Jacks Frau besucht ihn mehrmals wöchentlich in St. Rose. Das ist für sie nicht allzu schwierig, denn sie kann sich ein Taxi nehmen. Weder Unterkunft noch Verpflegung, weder medizinische Behandlung noch Arzneien sind in diesem Heim teuer, und so können sie sich den Luxus der Taxifahrten leisten. Ich bin sicher, daß nach Jacks Tod die Puppenhäuser und all die anderen schönen Dinge, die er während seines »geschenkten Lebens« gebastelt hat, andere Leute, große und kleine, tief berühren werden. Sie sind Zeugen dafür, daß das Sterben in einem deprimierenden, traurigen Krankenhaus zwar ein Alptraum ist, daß es aber auch eine Zeit des Reifens, der Kreativität und des Friedens sein kann, wie das überall im Land in den St.-Rose-Heimen der Fall ist.

Elisabeth Kübler-Ross im Gespräch mit Agnes, Jacks Frau

Jack im St.-Rose-Heim

Liebevolle Pflege zu Hause

Fünf Jahre lang hatte ich am Universitätskrankenhaus von Chicago gearbeitet. Ich hatte todkranke Patienten besucht und Medizinstudenten, Krankenhausgeistliche, Schwestern und Sozialarbeiter über die Bedürfnisse solcher Patienten unterrichtet. Ich hatte ihnen gezeigt, wie einsam solche Patienten sind. Ich hatte ihnen aber auch klargemacht, daß sie fähig sind, Kommunikation zu entwikkeln, wenn sie nur jemand finden, der ihnen zuhört. Da wurde mir allmählich klar, daß ich nun fortgehen mußte. Ich mußte gehen, damit andere den Mut finden würden, den Patienten künftig selbst zu dienen und ihnen zuzuhören, ohne daß sie mich ständig um Rat fragten. Aber erst nachdem ich das Krankenhaus verlassen hatte, merkte ich, daß die Patienten mich weiterhin anriefen. Nun aber konnte ich sie nicht mehr im Krankenhaus besuchen, da ich keine Krankenhausprivilegien mehr besaß.

Ich begann darüber nachzudenken, wie man solchen Patienten eine liebevolle Pflege in einer positiven, angstfreien Umgebung und in Verbindung mit einer angemessenen Erleichterung ihrer Schmerzen ermöglichen konnte. Viele meiner Patienten und ihrer Angehörigen erkannten allmählich, daß sie tatsächlich noch eine Wahl hatten. Bisher hatten nur sehr wenige Familien erwogen, den Patienten nach Hause zu nehmen und dort sterben zu lassen. Vielmehr war es allgemein üblich, den Patienten, wenn der Tod nahe war, ins Krankenhaus zu geben. Das war nicht nur allgemein üblich, es wurde auch allgemein erwartet, denn so wurde ja deutlich, daß die Familie alles getan hatte, was in ihrer Kraft stand. Also konnte man niemandem einen Vorwurf machen, und außerdem standen nun die besten Spezialisten und die beste medizinische Ausrüstung zur Verfügung. Es war also für den teuren Angehörigen, dessen Hinscheiden bevorstand, in bestmöglicher Weise gesorgt. Und nun wurden diese Menschen bei uns mit einer völlig anderen Auffassung und einer entgegengesetzten Strategie konfrontiert. Wir sagten: »Gib den Patienten nur so lange in ein Krankenhaus, wie er dort angemessene Behandlung zu erwarten hat, das heißt nur so lange, wie

Chemotherapie oder Bestrahlung nötig ist; aber nimm ihn nach Hause, wenn alle Behandlungsmöglichkeiten erschöpft sind und keinen Erfolg gebracht haben.«

Bei Kindern, die an Gehirntumor erkrankt waren und alle möglichen Behandlungsmethoden über sich hatten ergehen lassen müssen – bis hin zum Experimentieren mit Medikamenten –, gingen wir genauso vor. Zu einem gewissen Zeitpunkt gaben uns die Kinder selbst den Hinweis darauf, daß sie genug hatten von all den Spritzen, den Knochenmarksuntersuchungen und den verschiedenen Behandlungsversuchen. Sie wollten nach Hause. Wir konnten dann diesen Wunsch an die Eltern weitergeben, die ihn oft genug aufgrund ihrer eigenen Ängste und Sorgen nicht hatten wahrnehmen können. Wir zeigten ihnen, daß ihr Kind diesen Wunsch in einem Bild oder in einer anderen symbolischen Sprache ausgedrückt hatte. Und plötzlich wurde vielen Eltern der Wunsch ihres Kindes vernehmbar. So manche Ehefrau konnte ihren Mann nach Hause holen, so mancher Ehemann war bereit, seine Frau heimzuholen – jedenfalls dann, wenn ihnen irgendein unterstützendes System gegeben war, das heißt: Es mußte irgend jemand erreichbar sein, an den sie sich wenden konnten, wenn sie durch irgendwelche unerwartet auftretenden Symptome oder Verhaltensweisen des Kranken verunsichert oder erschreckt wurden.

Uns war völlig klar, daß nur wenige Ärzte Hausbesuche machen. Und aufgrund meines ausgedehnten Reisedienstes war es ebenso klar, daß ich nicht zu jeder Zeit überall erreichbar war, zumal Patienten von mir überall zwischen San Franzisko und New York wohnten. Wir konfrontierten die Familien einfach mit der Überlegung, ob sie ihren todkranken Angehörigen nicht besser nach Hause holen sollten, und boten ihnen unsere Unterstützung an. Wir sagten ihnen, an welchen Tagen ich sie entweder anrufen oder einen Hausbesuch bei ihnen machen konnte. Wir forderten sie auf, es einfach zu wagen, und dabei konfrontierten wir sie mit ihren eigenen Ängsten, ermutigten sie aber auch, sich ein Herz zu fassen und es zu wagen.

Das Schöne an diesen Konsultationen war, daß sie nur so kurz dauerten. Oft fingen die Angehörigen schon im Laufe der ersten halben Stunde an, sich über mögliche Alternativen Gedanken zu machen, und sie erkannten, daß es durchaus sinnvoll war, den Patienten nach Hause zu holen. Sie begannen über die Vorteile zu reden, die eine vertraute Umgebung und eine wesentlich weniger kostspielige Pflege für ihren Lieben bringen würde. Sie sprachen davon, wie schön es wäre, ständig in der Nähe zu sein, und sie waren glücklich, weil sie tatsächlich noch eine andere Wahl als den Krankenhausaufenthalt hatten.

Nachdem wir die Sache mit dem Patienten selbst beredet hatten, waren viele Angehörige bereit, einen Versuch zu wagen, und besprachen alles mit dem behandelnden Arzt. Oft mobilisierten sie Freunde und Nachbarn, und diese halfen ihnen dann beim Umzug nach Hause und bei all den neuen Erfahrungen, die sie nun machten. Sie halfen mit, wenn ein Sauerstoffzelt oder ein Absaugegerät oder ein fahrbares Bett mit Gummirädern besorgt werden mußte oder wenn es darum ging, ein Wohnzimmer in ein komfortables Krankenzimmer zu verwandeln.

Kinder wurden durch einen solchen Wechsel vielleicht am meisten betroffen, denn viele von ihnen hatten ihre todkranke Mama oder ihren Papa wochenlang nicht gesehen, weil sie im Krankenhaus lagen. Sie jubelten, wenn sie hörten, daß »Mama noch einmal nach Hause kommt«. Sie waren darauf vorbereitet, daß Mama etwas anders aussah und daß sie nichts mehr für sie arbeiten und auch nicht mehr herumlaufen konnte. Man hatte ihnen auch gesagt, daß sie nicht zu viel Krach machen und keine Türen zuknallen sollten und daß sie den Fernseher nur einschalten dürften, wenn sie Mama zuvor um Erlaubnis gefragt hatten. Aber diese kleinen Einschränkungen wurden voll und ganz dadurch wett gemacht, daß Mama da war und einem übers Haar streichen und einem zuwinken oder zulächeln konnte und daß sie einen anfassen und manchmal auch Tränen vergießen konnte. Viele Kinder lagen in Mamas Armen und sagten immer wieder: »Mama, ich freue mich ja so, daß du zu Hause bist!« Wie krank auch Vater oder Mutter sein mögen, für ein Kind ist es am allerwichtigsten, daß es in ihrer Nähe ist und daß es diese Nähe körperlich spürt; aber schlimm ist es, wenn Vater oder Mutter weit weg in einem Krankenhaus sind, zu dem Kinder keinen Zutritt haben.

Kinder können sogar Köche oder Diener oder Pfleger werden. Der kleine Rusty wurde medizinisch-technischer Assistent für seine kleine Schwester Jamie, und er konnte das Absaugegerät und das Sauerstoffzelt bedienen. Es kann für ein Kind ein ungeheures Gefühl der Selbstbestätigung sein, wenn es zur Pflege seines kleinen Geschwisters beitragen und der Mutter die Arbeit erleichtern kann. Es war sehr wichtig, daß wir die Angehörigen gerade auf diesen Umstand hinwiesen und ihnen auch bedeuteten, daß nie eine Person allein die Pflege eines Schwerkranken übernehmen kann, sondern daß hierzu mindestens zwei Personen nötig sind, wenn das Leben in möglichst natürlichen und normalen Bahnen weiterlaufen soll.

Wir rieten der Frau eines todkranken Patienten, weiterhin wöchentlich einmal zum Friseur zu gehen. Wir ermunterten einen Mann, der bis zur Krankheit seiner Frau einmal wöchentlich mit Freunden zum Kegeln gegangen war, das auch weiterhin zu tun. Es ist wichtig, daß die

Angehörigen ihr Leben weiterleben und sich nicht selbst von allen anderen Beziehungen abschneiden; dieser Verlust wäre für sie zu groß, und außerdem wäre der Neuanfang (zum Beispiel nach einem Todesfall) noch zusätzlich erschwert. Kinder sollten ihre Freunde mit nach Hause bringen dürfen, auch wenn sie mit ihnen still in einem anderen Zimmer spielen müssen. Wir haben sie auch dazu ermuntert, mit dem Patienten über alles zu reden, worüber sie gern reden möchten – auch über den Tod und die Beerdigung. Dabei spielt es keine Rolle, ob es sich bei dem Patienten um Bruder oder Schwester, um einen Elternteil oder um Großvater oder Großmutter handelt. Und so haben diese Kinder alle diese Dinge mit ihrer sterbenden Mama oder ihrem Papa, mit ihrem Bruder oder ihrer Schwester besprochen und manchmal auch sogar mit Oma oder Opa, obwohl diese anscheinend eher zögerten, auf solche Gespräche einzugehen.

Kinder können oft das zu Ende bringen, was ihre Eltern nicht erledigt haben. Ich denke an den Fall einer schwerkranken Mutter. Ihr Mann konnte die Situation nicht mehr ertragen und schrie ihr in einem Wutanfall zu, es tue ihm leid, daß er sie geheiratet habe, und jetzt gebe er die beiden Kinder in ein Kinderheim, und er werde es sich zweimal überlegen, ob er je noch einmal heirate. Dann ging er fort und ließ seine achtundzwanzigjährige Frau tränenüberströmt im Krankenhaus zurück. Sie war völlig verzweifelt und hatte das Gefühl, daß sie für ihre beiden ein und fünf Jahre alten Kinder nichts, aber auch gar nichts tun konnte. Eine Freundin, die sie besuchte, erkannte ihre Not, bat den Arzt, diese junge, sterbende Frau doch zu entlassen, und rief mich dann an und bat um einen Besuch. Ich sprach mit dem Ehemann und riet ihm, doch seine junge Frau nach Hause zu nehmen und alles zu klären, was zwischen ihnen stand. Er war sehr, sehr dankbar und ging darauf ein. Dann saß ich mit dem Einjährigen und dem Fünfjährigen am Küchentisch und forderte die Fünfjährige auf, ein Bild zu malen und mir alles über Mamas Krankheit und ihr Sterben zu erzählen.

Am zweiten Abend nach der Heimkehr der Patientin machte ich einen weiteren Hausbesuch, und wir beschlossen, auch die Eltern der Kranken einzuladen. Sie hatten ein sehr schlechtes Verhältnis zu ihrer Tochter und waren außerdem noch mit eigenen Problemen beschäftigt, die mit dem bevorstehenden Tod der jungen Frau nichts zu tun hatten. Die Mutter war hypochondrisch, und der Vater war seit 15 Jahren Alkoholiker. Zu Frau und Tochter hatte er überhaupt keine Beziehung, und die Familie lehnte ihn ab und hatte sich ihm völlig entfremdet. Beide meinten, sie seien zu »schwach« und könnten es nicht ertragen, den Tod der Tochter mitanzusehen. Ich war anderer Meinung. Ich sagte, sie hätten das Recht, jetzt bei ihrer einzigen Tochter zu sein, und vielleicht bekämen sie die Kraft, ihre eigene Schwäche zu überwinden.

Es stellte sich heraus, daß wir die Patientin in ein bequemes Bett am Wohnzimmerfenster legen konnten. Ich saß ihr gegenüber und hatte die beiden Kinder auf dem Schoß, ihr Mann saß links von mir, ihre Mutter rechts. Ohne recht zu überlegen, was sie tat, legte ihre Mutter plötzlich den Arm auf ihres Mannes Schulter. Diese unerwartete Berührung bewegte ihn zutiefst, und er griff mit der Hand nach seiner Tochter, die ihrerseits die Hand ihres Mannes hielt; ohne irgend etwas geplant oder einstudiert zu haben, waren wir plötzlich ein Kreis von Menschen, der diese junge Frau umschloß, während der Zeitpunkt ihres frühen, aber doch schönen und friedlichen Todes nahte.

Einige Stunden vor ihrem Tod öffnete sie die Augen und lächelte ihren Angehörigen und mir und den Kindern auf meinem Schoß zu. In diesem Augenblick fing die Fünfjährige an zu reden. Sie sprach all das aus, was die Erwachsenen nicht sagen konnten. Sie sah ihre Mama an und dann mich und fragte: »Dr. Kübler-Ross, meinen Sie, es ist gut, wenn ich heute abend zu Gott bete, daß er meine Mama zu sich nehmen kann?«

Ich sagte ihr, sie könne das tun, und Gott werde ihr zuhören und verstehen, was sie bete. Sie dachte einen Augenblick nach, wendete sich dann wieder um und sagte: »Hoffentlich hat er nichts dagegen, wenn ich danach noch ein anderes Gebet spreche und ihn bitte, sie mir zurückzuschicken.« Ich sagte ihr, sie könne Gott alles sagen, was sie wolle, er werde sie hören und verstehen, und sie könne sicher sein, daß sie ihre Mama wiedersehen werde. Aber sie müsse auch wissen, daß dort, wohin Mama gehe, die Zeit ganz anders sei als unsere Zeit, und wenn sie auch ihre Mama bestimmt wiedersehe, so doch sicher nicht morgen oder übermorgen. Wieder überlegte das kleine Mädchen eine Weile, und dann sah es erneut zu Mama hin und fragte: »Wenn diese Mama stirbt, bekomme ich dann eine Pflegemutter?«

Sanft berührte die junge Mutter die Hand ihres Mannes, und dann sprach sie darüber, wie schwer es sie ankam, daß ihre Ehe so kurz und schmerzvoll gewesen war. Sie machte ihm Mut, noch einmal zu heiraten, wenn er eine Frau finde, die ihn liebe und die ihm mehr Glück bringen könne, als sie in ihrer kurzen Ehe gehabt hatten. Uns allen standen jetzt die Tränen in den Augen. Aber die Fünfjährige ließ sich durch die Bewegung der Erwachsenen nicht beirren und fragte weiter: »Wenn alle meine Mamas sterben, wer kocht dann für mich?«

Ich lachte und sagte ihr, daß ich eine große Küche hätte, und falls alle ihre Mamas sterben sollten – was höchst unwahrscheinlich sei –, könne sie immer zu mir kommen, ich würde jederzeit gern für sie kochen. Da legte sie ihre warmen, schmiegsamen Ärmchen um meinen Hals und küßte mich. Etwas später sagte sie, sie wolle ihrer Mama nun den Gutenachtkuß geben, und kurz vor 10 Uhr steckten wir die Kinder ins Bett. Eine Stunde später brachte mich ein Nachbar nach Hause, und kurz vor Mitternacht rief man mich an und berichtete, daß die junge Mutter friedlich im Schlaf gestorben war. So war verhindert worden, daß ein schuldbeladener, von seinem Gram überwältigter Witwer zurückblieb, dem es schwergefallen wäre, ein neues Leben zu beginnen und sich nochmals zu verheiraten. Außerdem hatten wir dazu beigetragen, daß zwei kleine Kinder eines der wichtigsten Ereignisse ihres Lebens, nämlich den Tod ihrer Mutter, miterlebten – und das im Beieinander von drei Generationen.

Sie starb, während ihre Lieblingsmusik spielte. Auf dem Tisch stand eine brennende Kerze. Die Kinder waren in ihrer Nähe, und sie sah die Blumen, die ihr die Kinder gepflückt hatten. Das war ein anderer Tod als der, den sie im Krankenhaus gestorben wäre. Und diese Kinder werden mit dem Tod nie das Gefühl von Einsamkeit, Isolation, Täuschung oder Heimlichtuerei verbinden. Dieser Tod wird in ihrer Erinnerung bleiben als ein Geschehen, das sie gemeinsam mit Eltern, Großeltern und liebevollen Freunden erlebt haben – mit Freunden, die ihre Ängste und Sorgen ernst nahmen und ihnen halfen, sie gemeinsam zu überwinden.

Ich habe mehrfach solches Sterben zu Hause miterlebt, und heute ist mir klar, daß jeder Mensch diese Möglichkeit hat. Häusliche Pflege kann überall dort an die Stelle eines Aufenthaltes im Krankenhaus oder im Pflegeheim treten, wo es einen unterstützenden Freundeskreis gibt. Und uns kostet es nur sehr wenig Zeit, wenn wir als Katalysatoren den Menschen dazu verhelfen, solch eine positive, konstruktive Entscheidung zu treffen.

Patient auf dem Gelände des Hospizes in Wisconsin

Hospiz: Menschenwürdig leben und sterben

Es gibt einige Leute, die keine Angehörigen haben. Es gibt einige Krebsarten, die große Behinderungen verursachen und einen üblen Geruch mit sich bringen. Es gibt alte Leute, die einfach nicht die Kraft haben, einen Ehepartner zu pflegen. Für alle diese Menschen ist das Hospiz die Lösung. Vor Hunderten von Jahren bezeichnete man mit diesem Wort ein Haus hoch in den Schweizer Bergen, in dem Mönche die Reisenden gastlich aufnahmen und versorgten. Es waren dieselben Mönche, die die Bernhardinerhunde züchteten, und diese Hunde wiederum wurden berühmt, weil sie die Lawinenopfer fanden und ausgruben. Das Hospiz von St. Bernhard hat sich immer um bedürftige Menschen, um verletzte oder müde Reisende und um Unfallopfer gekümmert. Später richtete man in England Hospize für die Pflege sterbender oder todkranker Menschen ein. Das bekannteste Hospiz in Großbritannien liegt in Sydenham. Hier benutzte man erstmalig die Brompton-Mixtur, und die Patienten bleiben im Durchschnitt sechzehn Tage bis zu ihrem Tod in diesem Haus. In den Vereinigten Staaten wurde das erste Hospiz in New Haven in Connecticut eröffnet. Es ist ein Ort, an dem solche Menschen umfassende Betreuung erhalten, für die Heilverfahren, aktive medizinische Behandlung und Verlängerung des Lebens nicht mehr sinnvoll oder wünschenswert erscheinen. Seit Eröffnung des Hospizes von New Haven konnten wir dahin wirken, daß an 55 anderen Orten ebenfalls ein Hospiz aufgemacht wurde. Heute gibt es kaum einen Staat, in dem solch eine Einrichtung nicht zumindest geplant ist.

Ein Mann, der an einem meiner einwöchigen Kurse teilgenommen hatte, machte mir zu Weihnachten ein ganz besonderes Geschenk: Er schenkte mir ein Hospiz – das erste in Wisconsin. Er übernahm ein Gebäude, das jahrzehntelang psychiatrisches Krankenhaus gewesen war und nun leer stand. Er verzichtete auf aufwendige Neubauten und richtete sich in dem alten Haus ein. Dieses liegt in einem herrlichen Parkgelände und ist von Wiesen, Bäumen und Blumen umgeben. Zusammen mit seinen Mitarbeitern konnte er eine Einrichtung aufbauen, in der Patienten ein liebevolles Zuhause und umfassende Be-

Die Heimpflege-Gruppe im Hospiz von New Haven

treuung erhalten. Inzwischen gibt es viele Hospize in den Vereinigten Staaten, und man kann nur hoffen, daß alle jene Menschen, die keine Angehörigen haben, die sie in ihren letzten Tagen zu Hause pflegen könnten, Aufnahme in solch einem Hause finden. Dort wird man ihnen helfen zu leben, bis sie sterben. Sie werden nicht all ihre Energie, all ihr Geld und all ihre Hoffnung auf die Verlängerung ihres Lebens verwenden; sie werden weder einer unmenschlichen Maschinerie und Technologie ausgeliefert, noch werden sie von ungeheuer tüchtigem Personal umgeben sein, das aber leider keine Zeit hat, einfach einmal still dazusitzen und eine Hand zu halten oder zuzuhören, wenn ein Patient über sein Leben nachdenkt, sondern das sofort zur Ordnung gerufen oder vom Vorgesetzten getadelt oder zu »seinen Pflichten« zurückgeschickt wird.

Es gibt, wenn überhaupt, nur ganz wenige Pflegeheime in unserem Land, die versuchen, eigene Programme zu entwickeln, und die ihren Patienten helfen, wirklich zu leben, bis sie sterben. Es gibt, wenn überhaupt, nur ganz wenige Pflegeheime, die versuchen, ihre Patienten dazu zu ermuntern, daß sie anderen Menschen ihre Gedanken mitteilen und daß sie eigene Kreativität entwickeln. In den Vereinigten Staaten sind fast alle Heime dieser Art als Dienstleistungsbetriebe eingerichtet;

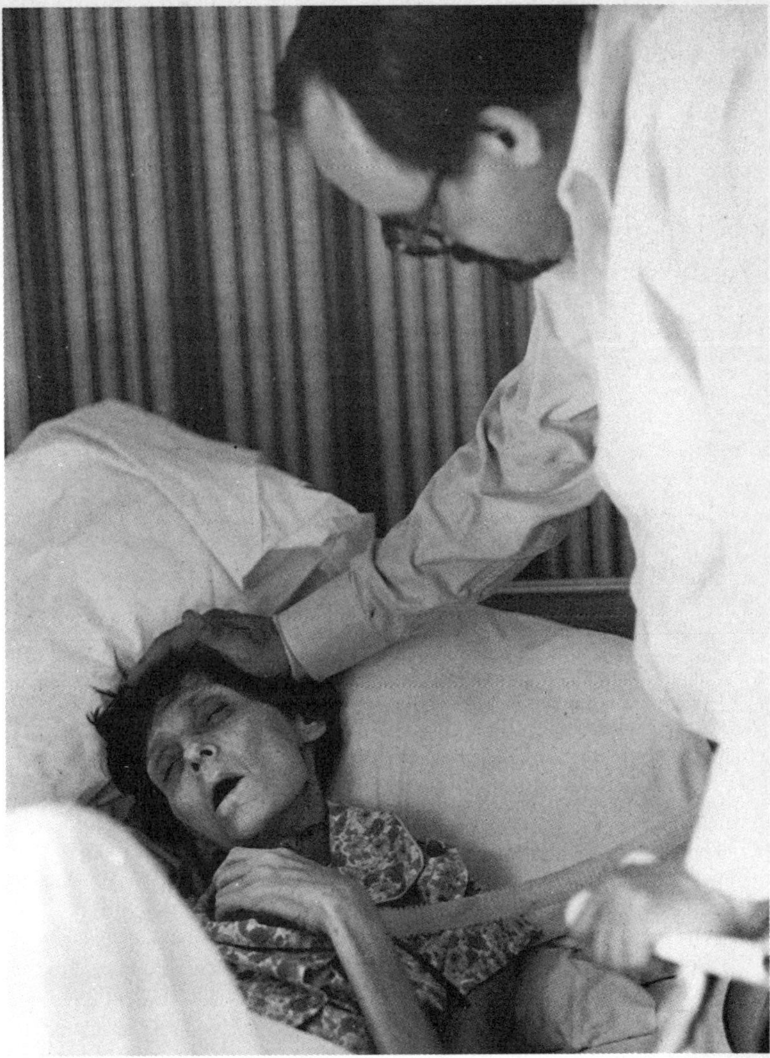

»Wir geben unseren Patienten zwei Versprechen: wir werden sie frei von Schmerzen halten; sie werden nicht einsam sterben.« – Michael Stolpman, Direktor des Hospizes von Wisconsin

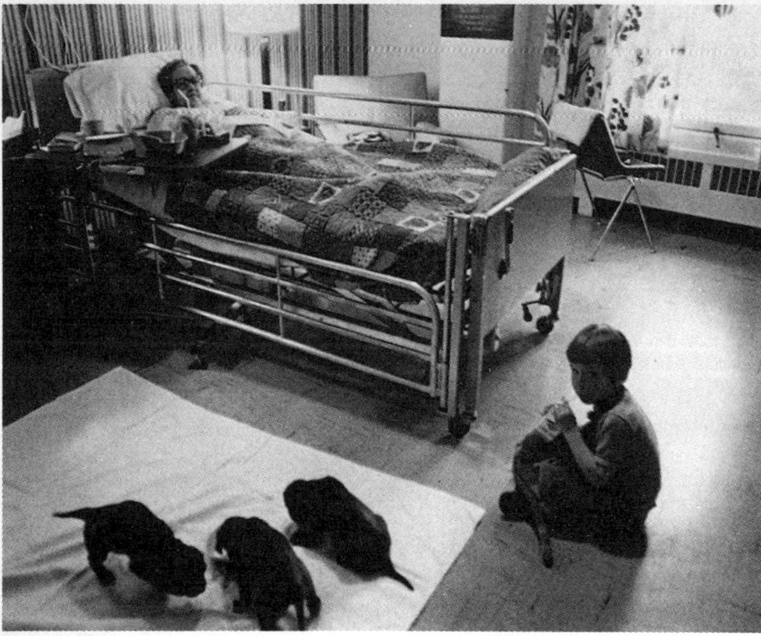

Besucher mit jungen Hunden in einem Krankenzimmer des Hospizes von Wisconsin

aber kein Patient – weder Mann noch Frau – kann je ein Gefühl des Stolzes, der Selbstachtung oder der Würde entwickeln, wenn ihm lediglich die Dienste angeboten werden, die auf die menschlichen Grundbedürfnisse abgestimmt sind. Wichtig ist auch, daß der Aufenthalt in einem Hospiz nur einen Bruchteil von dem kostet, was man sonst für einen Krankenhausaufenthalt aufbringen muß. Es ist nicht recht, daß Menschen am Ende ihres Lebens, wenn sie schon genug Probleme haben, auch noch mit den gewaltigen, völlig aus dem angemessenen Rahmen fallenden Kosten für ihre medizinische Behandlung und für ihren Krankenhausaufenthalt konfrontiert werden, wie das besonders in den USA der Fall ist.

Vor einigen Jahren konnte ich das St.-Rose-Heim in Fall River/Massachusetts besichtigen. Es ist eine Zweigstelle des St.-Rose-Heimes von New York, in dem unser Freund Jack lebt. Ich war sehr beeindruckt von der Tatsache, daß es in Fall River bereits ein solches Krankenhaus gibt. Nur wenige Leute wissen davon. Es handelt sich um ein altes Privathaus, das man in ein Hospiz für mittellose todkranke Patienten umgewandelt hat. Dominikanerinnen führen dieses Haus, und sie tun das in einer solch liebevollen, fürsorglichen Art und Weise, wie ich das in diesem Land bisher überhaupt noch nie erlebt habe. Mein Besuch kam für sie völlig unerwartet, und ich traf erst abends um 9 Uhr ein, aber trotzdem führten mich die Schwestern herum und gestatteten mir, mit jedem Patienten und mit jedem Angehörigen des Personals zu sprechen. Es war ein kurzer Besuch, aber ich werde ihn nie vergessen. Die schöne, sonnige Halle stand voller Blumen. Die Patienten sahen gut und wohlversorgt aus, und die Schwestern betonten, daß alle aus privaten Spendenfonds unterstützt würden und daß sie nur solche Leute aufnähmen, die auf keinerlei Unterstützung für einen teuren Krankenhausaufenthalt rechnen könnten. Für diese Patienten seien

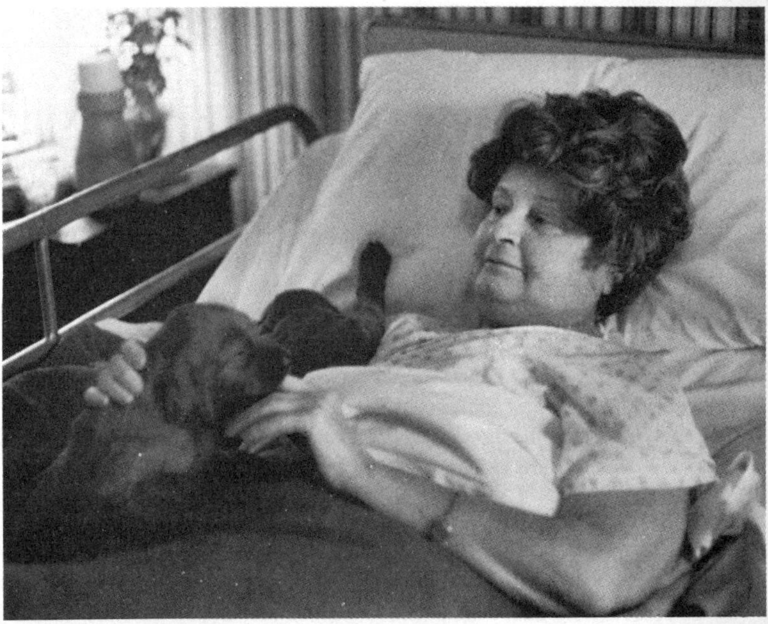

Patientin mit jungen Hunden im Hospiz von Wisconsin

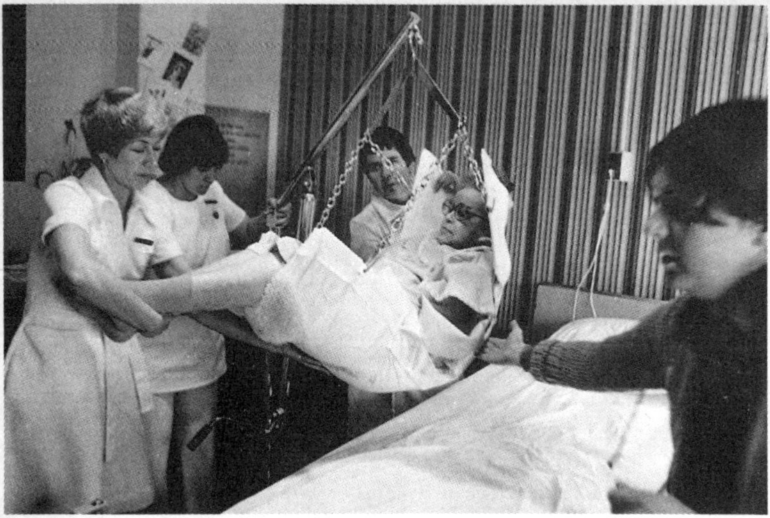

Eine Patientin wird für den Besuch beim Friseur aus dem Bett gehoben (Hospiz von Wisconsin)

alle Dienste kostenlos, und das Personal achte darauf, daß alle ihre Bedürfnisse erfüllt würden. Das klang so außergewöhnlich, daß ich höchst skeptisch wurde, und nachdem alle anderen fortgegangen waren, schlüpfte ich noch einmal in ein Krankenzimmer und fragte die erstbeste Patientin: »Wie ist es denn nun wirklich hier?« Sie strahlte mich an und sagte: »Es gibt auf der ganzen Welt keinen schöneren Platz zum Leben« – mit der Betonung auf »Leben«.

Es muß hier einmal festgestellt werden, daß die sieben St.-Rose-Heime in den Vereinigten Staaten nur recht wenig Publizität erlangt haben, obwohl sie für Menschen, die nicht imstande sind, Riesensummen für einen langen Krankenhausaufenthalt aufzubringen, ein Segen sind. Alle diese Patienten werden liebevoll und fürsorglich betreut, ohne daß dies sie oder ihre Angehörigen einen Pfennig kostet und ohne daß materieller Lohn erwartet würde. Der Lohn, den die St.-Rose-Schwestern erhalten, sind die Liebe, die Hochachtung, die Dankbarkeit und wohl auch mancher Segenswunsch, den die Patienten diesen Menschen, die sie mit so seltener Hingabe pflegen, entgegenbringen. Jeder, der das Bild der Frau oder des Mannes aus dem St.-Rose-Heim in

New York betrachtet, wird den Stolz, die Würde und den Frieden auf ihrem Gesicht wahrnehmen. Er wird dann wissen, daß es solch einen Ort in diesem Land gibt und daß er unserer Unterstützung und unseres Gebetes wert ist.

Man kann nur hoffen, daß weitere Hospize entstehen und daß die häusliche Pflege von Kranken weiter um sich greift, damit die nächste Generation nie mehr das Schild mit der Aufschrift »Für unter Vierzehnjährige ist das Betreten des Krankenhauses verboten« lesen muß. Man kann nur hoffen, daß alle Kinder der nächsten Generation der Wirklichkeit des Lebens begegnen dürfen. Man kann nur hoffen, daß wir sie nicht länger aufgrund unserer eigenen Ängste und Zweifel davor »beschützen«! Man kann nur hoffen, daß wir Erwachsenen den Mut haben, endlich zu erkennen und zuzugeben, daß wir ja nur unsere

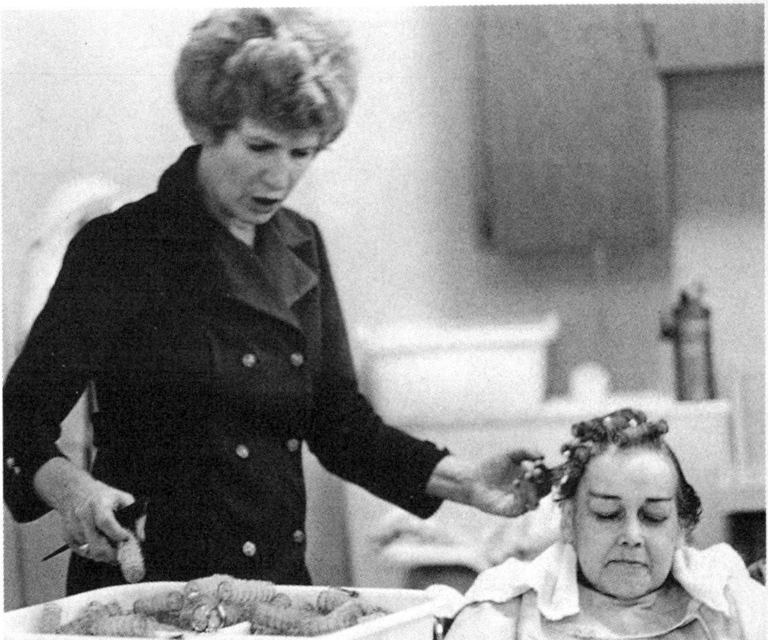

Patientin beim Friseur (Hospiz von Wisconsin)

eigene Angst auf die nächste Generation projizieren. Wenn wir diesen Mut gefunden haben, dann können wir uns ehrlich eingestehen, daß es auf diesem Gebiet Probleme gibt; aber wir können sie lösen, wenn wir jemanden haben, der sich um uns kümmert und der es uns ermöglicht, unsere Ängste, unsere Schuldgefühle und unser Wissen von Versäumnissen und unerledigten Dingen offen auszusprechen. Wenn wir das tun, können wir uns all unserer unterdrückten Negativität entledigen. Und danach können wir anfangen zu leben: im Vollsinn des Wortes und in großer Harmonie.

Kinder, die derartige Erfahrungen in einer sicheren, behüteten und liebevollen Umgebung machen, werden später eigene Kinder aufziehen, die höchstwahrscheinlich schon gar nicht mehr verstehen, warum wir Bücher über Tod und Sterben schreiben und besondere Institutionen für Sterbende einrichten mußten. Sie werden auch nicht mehr

Patientin im St.-Rose-Heim in New York

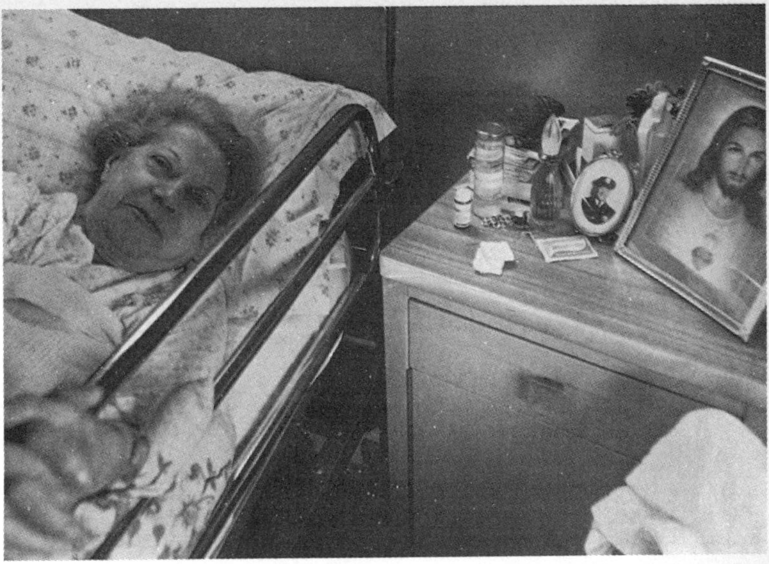

Patientin im St.-Rose-Heim in New York

verstehen, warum es diese überwältigende Angst vor dem Tod gegeben hat – die Angst, die im Grunde so lange Zeit die eigentliche Lebensangst ausgemacht hat.

Wir wissen die Fürsorge und Liebe, die unseren Patienten in den Hospizen unseres Landes zuteil wird, wohl zu schätzen. Wir sind auch dankbar dafür, daß Mitglieder des pflegerischen Personals bereit waren, ihre Arbeit durch Bild und Text den Lesern dieses Buches zugänglich zu machen. Der Gewinn dieses Unternehmens ist wechselseitig. Wir haben ihnen geholfen, einen Anfang zu machen. Wir haben versucht, die Gesellschaft auf die Bedürfnisse sterbender Patienten aufmerksam zu machen. Und sie haben uns gehört und haben uns Einrichtungen geschenkt, die all denen offenstehen, die nicht nach Hause gehen können. Eines Tages werden auch wir einen Platz brauchen, und bis dahin wird es überall im ganzen Land Hospize geben. In jedem Staat wird es mindestens eines geben. Es wird auch in jedem Staat ein Shanti Nilaya, ein Zentrum für Wachstum und Heilung, geben. Und so müssen wir nicht warten, bis wir sterben; wir können

Patient im St.-Rose-Heim in New York

schon vorher mit unseren Versäumnissen, unseren Ängsten, unseren Schuld- und Schamgefühlen umgehen und uns ihrer entledigen, damit wir unser Leben in vollen Zügen leben können. Und so werden wir bereit sein, wenn der Tod kommt, auch wenn er plötzlich und unerwartet kommt.

Shanti Nilaya heißt »Das letzte Heim des Friedens«. Es wird viele solcher letzten Heime geben, aber wir können keinen Frieden finden, wenn wir Angst haben vor den Stürmen des Lebens. Wir können auch unseren Kindern keinen Frieden geben, wenn wir sie wie Gewächshauspflanzen hegen. Frieden werden nur diejenigen Kinder haben, deren Eltern wußten, was bedingungslose Liebe ist, und deren Eltern sie nicht zurückgehalten haben, wenn sie ihre ersten selbständigen Schritte machten. Frieden werden wir unseren Kindern nur weitergeben können, wenn wir sie am ersten, aufregenden Schultag nicht ängstlich festhalten, wenn sie in den Schulbus steigen, und wenn wir zwar eine Schwimmweste für sie bereit halten, sie aber auch weglegen können, wenn unser Kind schwimmen gelernt hat.

Patient im St.-Rose-Heim in New York

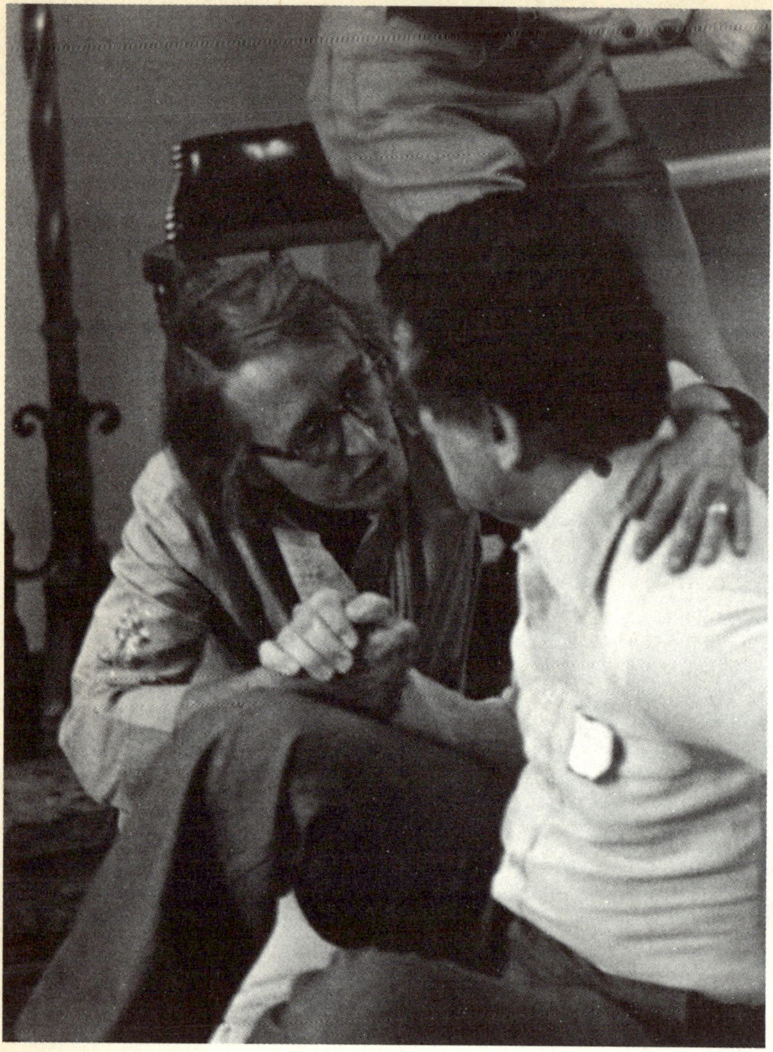

Elisabeth Kübler-Ross mit einem Kursteilnehmer in Appleton/Wisconsin

Einübung in Leben, Tod und Übergang: Shanti Nilaya

Wie können wir das Pflegepersonal der Krankenhäuser einerseits und medizinische Laien – wie zum Beispiel die Angehörigen sterbender Patienten – andererseits ausbilden? Wie können wir solchen Patienten, die zwar von einer zum Tode führenden Krankheit betroffen, aber noch beweglich sind, dazu verhelfen, auch angesichts des bevorstehenden Todes noch ein kreatives Leben zu führen?

Eine Möglichkeit der Hilfe bietet sich auf unseren einwöchigen Kursen über »Leben, Tod und Übergang«, die wir überall im Lande veranstalten. Sie richten sich an jedermann, der zwischen 16 und 89 Jahre alt und bereit ist, fünf Tage seines Alltags auszusparen und sich mit anderen an einen abgeschiedenen Ort zurückzuziehen. Wir suchen meist Häuser aus, die nicht in der Nähe einer großen Stadt liegen und die nicht gleichzeitig von anderen Gruppen oder Organisationen benutzt werden. Zu den Teilnehmern gehören Klinikdirektoren und Ärzte, Ingenieure, Sozialarbeiter, Krankenschwestern, Geistliche, Studenten, Hausfrauen, Yoga-Lehrer, Philosophen und Dichter. Gewöhnlich gehören auch Eltern dazu, deren Kind todkrank oder deren Kind ermordet worden ist. Immer gehören auch todkranke Patienten aller Altersgruppen – mit Ausnahme von sehr kleinen Kindern – dazu. Es nehmen gesunde Leute teil, die durch die Erfahrung eines Todesfalles oder einer anderen Tragödie erschüttert und aus ihrer normalen Bahn geworfen sind; auch Leute, die sich über ihre eigenen Wertmaßstäbe klar werden und über die Richtung ihres Lebens nachdenken wollen. Manchmal wissen sie schon, wie kurz das Leben ist, manchmal noch nicht. Es kommen medizinische Laien und Professionelle, Junge und Alte, Glaubende und Agnostiker. Sie alle teilen dieselbe Erfahrung und werden durch sie verändert.

Sinn dieser Kurse ist es, an jeweils etwa siebzig Leute das weiterzugeben, was uns sterbende Patienten, die in den vergangenen zwölf Jahren unsere Lehrer gewesen sind, gelehrt haben. Alle diese Menschen teilen miteinander Kummer, Angst und Schuld. Sie suchen gemeinsam nach dem, was in ihrem Leben bisher unerledigt geblieben oder versäumt

Elisabeth Kübler-Ross leitet einen Kurs in Appleton/Wisconsin

worden ist. Wir helfen ihnen dabei, ihre negativen Gefühle von neuem zu durchleben und aus sich herauszulassen, damit sie endlich Frieden finden und von der gewaltigen Spannung befreit werden, die erforderlich ist, um alle diese negativen Gefühle unter Kontrolle zu halten. Wir helfen ihnen, sich von Schuld und Angst zu befreien, und wir versuchen, sie zu bedingungsloser Liebe und zum Dienst an ihren Mitmenschen zu führen. Dann können sie zurückkehren – nach Hause, in die Schule, ins Krankenhaus oder an ihren Arbeitsplatz; sie haben gelernt, was unsere Patienten erst in den letzten Tagen ihres physischen Seins gelernt haben und was ihnen leider kein Mensch schon zuvor beigebracht hat, so daß sie hätten sagen können: »Wahrlich, ich habe gelebt!«

Die Kurse werden überall im ganzen Land abgehalten. Jeder ist anders – je nachdem, an welchem Ort er stattfindet, und je nachdem, wieviel die einzelnen Teilnehmer dazu beizutragen gewillt sind. Das simple Hilfsmittel des Gummischlauchs, mit dem man auf eine Matratze haut, erleichtert es, Schmerz, Wut und Minderwertigkeitsgefühle zum Ausdruck zu bringen und bei denen, die Zeugen solcher mutigen Offenheit werden, ähnliche Emotionen auszulösen.

Wir hatten den Wunsch, möglichst vielen Leuten den Zugang zu solchen Erfahrungen zu öffnen; aber oft hatten wir lange Wartelisten, und die Menschen mußten sich zwei Jahre in Geduld üben, bis sie »drankamen«. Deshalb suchten wir eine feste Bleibe, einen Ort, zu dem

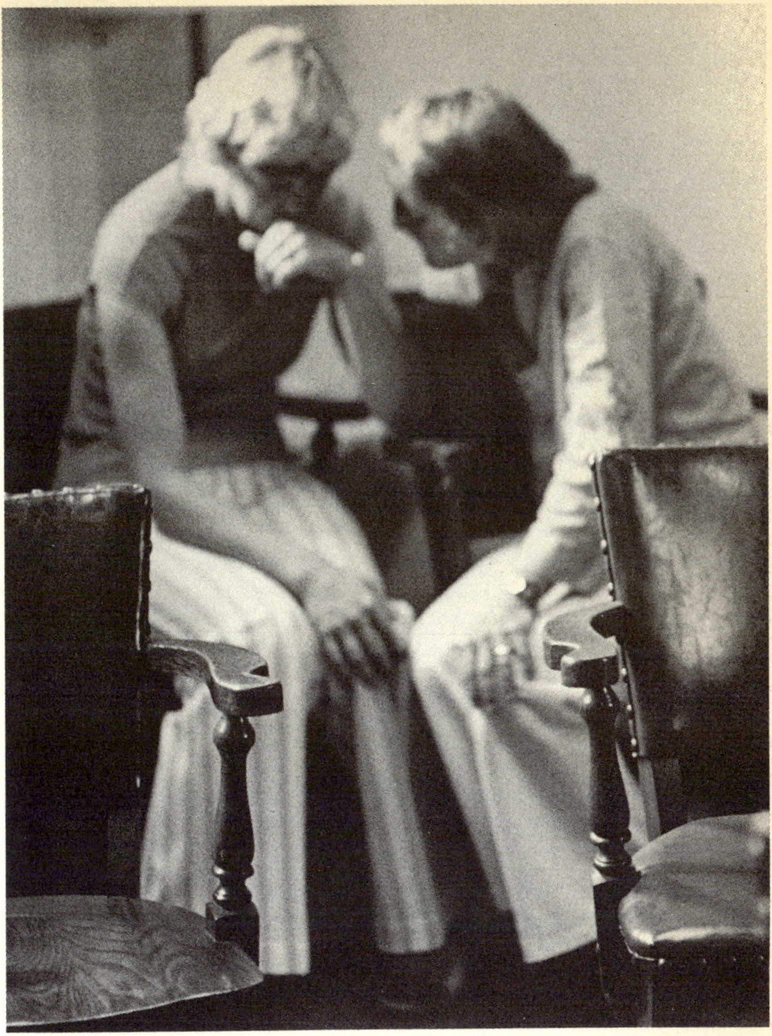

Elisabeth Kübler-Ross im Gespräch mit einer Mutter, die ein Kind verloren hat – in Appleton/Wisconsin

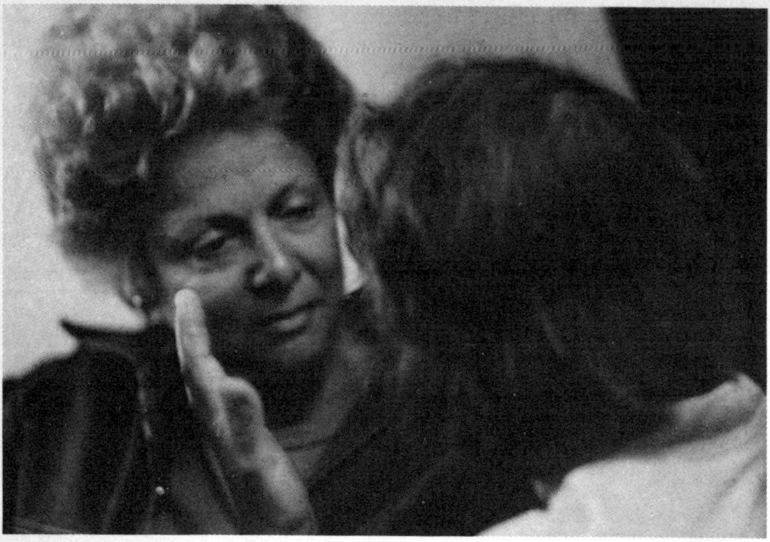
Elisabeth Kübler-Ross im Gespräch mit einer Krebspatientin in Appleton/Wisconsin

Menschen jeden Alters, jeden gesellschaftlichen oder bildungsmäßigen Hintergrundes, jeden Glaubens und jeden Vermögensstandes kommen konnten, um sich helfen zu lassen.

Im November 1977 konnten wir Shanti Nilaya, unser Zentrum für Wachstum und Heilung, eröffnen. »Shanti Nilaya« bedeutet »Das letzte Heim des Friedens«. Es liegt oberhalb von Escondido in Kalifornien, auf einem Privatgelände, das von Bergen umgeben ist. Im Laufe der Zeit wollen wir hier Betreuungsmöglichkeiten für Querschnittsgelähmte, für schwerkranke Kinder, aber auch für jugendliche Problemfälle schaffen. Erwachsene aller Bildungsstufen sollen hier lernen können, wie sie bis zum Tode wirklich leben können.

Wir hoffen, daß Shanti Nilaya ein Ort des Friedens für alle die Menschen wird, die nach einer Antwort auf die Frage nach dem Sinn von Leben und Tod suchen und die ergründen möchten, wozu und warum immer wieder Leid und Schmerz über den Menschen kommen – über seinen Körper und über seine Seele. Wir träumen davon, daß wir bald noch weitere Shanti Nilayas bauen können und daß nach zehn Jahren in jedem Staat der Vereinigten Staaten und auch im Ausland ein

Krebspatientin bei einem Kurs in Shanti Nilaya

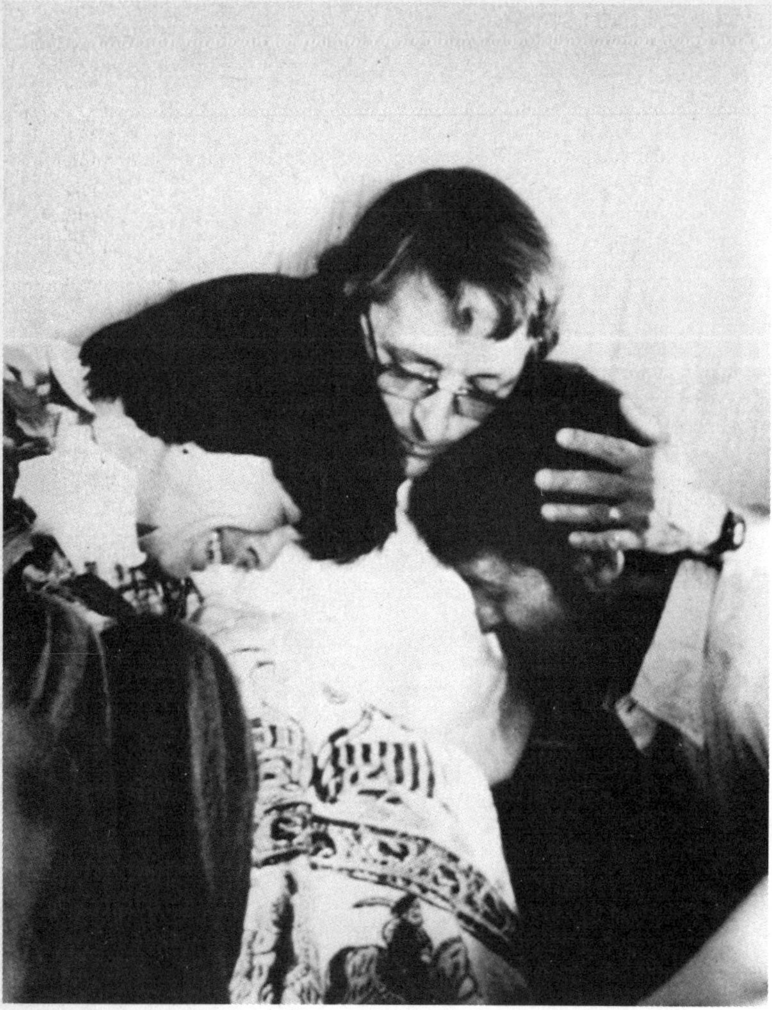

Dr. Kübler-Ross schenkte Linda eine Lilie zum Gedenken an den Tag, an dem Jamie sechs Jahre alt geworden wäre

Sitzung mit Gummischlauch, Shanti Nilaya

Shanti Nilaya eingerichtet worden ist. Nicht für die Sterbenden sollen diese Häuser dasein, sondern für alle Lebenden, die den Mut haben, sich ihren eigenen Ängsten zu stellen, sie nicht zu verdrängen und nicht vor ihnen zu fliehen, sondern ihnen unbeirrt entgegenzugehen und sie so hinter sich zu lassen. In unserem ersten Shanti-Nilaya-Kalender ist vielleicht am schönsten ausgedrückt, was wir in diesem Haus und auf unseren Rüstzeiten den Menschen vermitteln wollen. Wir versuchen dort an einer Stelle in Worte zu fassen, was wahre Liebe ist – und also das weiterzugeben, was wir von unseren Lehrern gelernt haben. Es heißt dort: »Wer liebt, vergewaltigt seinen Mitmenschen nicht, sondern bietet ihm seine Hilfe an. Und wenn dieser sich weigert, sie anzunehmen, dann freut sich der Liebende, weil der andere so stark ist. Wer liebt, lebt ohne Angst und Sorge vor dem Morgen. Wer liebt, fürchtet die Stürme des Lebens nicht: denn könnte man die Canyons vor den Stürmen schützen, erblickte man niemals die Schönheit ihrer Schluchten.«

Ich hoffe, daß dieses Buch vielen Menschen Mut macht, sich den Stürmen des Lebens auszusetzen, so daß sie am Ende ihrer Tage voll Stolz sich selbst gegenübertreten und die Schönheit ihres Lebens-Canyons betrachten können.

Elisabeth Kübler-Ross in Shanti Nilaya

STERBE-BEISTAND — LEBENSHILFE

Ein Beitrag von Paul Becker

Speziell für die deutsche Ausgabe des vorliegenden Buches wurde der folgende Beitrag geschrieben. Er stammt von Dr. med. Paul Becker, der von 1966 bis 1982 Chefarzt der Medizinischen Klinik des St.-Vincenz-Krankenhauses in Limburg an der Lahn war, seitdem in Limburg als Internist in freier Praxis wirkt und sich als Schüler von Elisabeth Kübler-Ross seit Jahren mit thanatologischen Fragen forschend und lehrend beschäftigt.

Der Bitte des Kreuz Verlags, zu diesem Buch einen Beitrag zu schreiben, komme ich gerne nach: einmal um der Verdienste willen, die sich der Verlag mit den deutschen Ausgaben der Werke meiner Lehrerin Elisabeth Kübler-Ross erworben hat, zum anderen aber auch wegen der Initiativen, die durch die Arbeit der Autorin inzwischen bis in unseren deutschsprachigen Raum hinein wirksam geworden sind. Was im Jahre 1971 durch die erste deutsche Ausgabe der »Interviews mit Sterbenden« begonnen wurde, findet mit der Herausgabe des vorliegenden Buches eine erneute konsequente Fortsetzung: das Bemühen, in einer unbedingt notwendigen Konfrontation der Menschen der Gegenwart mit den Grenzerfahrungen von Krankheit, Sterben und Tod Hilfen anzubieten. Wenn man den aktuellen Büchermarkt der letzten Jahre überblickt, könnte man meinen, es sei über dieses Thema und die damit verbundenen Probleme allmählich genug, wenn nicht gar des Guten zuviel geschrieben worden. Es gibt jedoch nur ganz wenige Glücksfälle, in denen nicht *über* die Sache in einer theoretischen Form, sondern *von* der Sache in einer praxisbezogenen Weise auf der Basis unmittelbarer Erfahrungen berichtet wird – und das ist hier erneut geschehen. Hier wird nicht etwa in einer gutgemeinten, aber doch selbstgefälligen Art ein Gegenstand behandelt, über den es sich – vielleicht sogar aus modischen Gründen – zu schreiben lohnt. Es ist ja so aktuell geworden, an der Enttabuisierung von Sterben und Tod teilzuhaben! Hier kommt vielmehr – wie sonst allzu selten – eine Konfrontation mit denjenigen zustande, die im Geschehen an den Grenzen des Lebens die unmittelbar Betroffenen sind und von denen diejenigen, die glauben, einer solcher Betroffenheit gegenüber noch weit entfernt zu sein, nur lernen können für den Umgang mit denen, die ihnen voraus sind, und für ihre eigenen Bedürfnisse, die für sie von Jahr zu Jahr, von Tag zu Tag, von Stunde zu Stunde aktueller werden.

Dem Leser, der das vorliegende Buch zum erstenmal in die Hand nimmt und durchblättert, stellt sich möglicherweise zunächst die

Frage, ob denn mit der Veröffentlichung von Bildern Sterbender diesen ein Dienst geleistet werde. Den Gezeigten selbst wohl nicht mehr. Aber dies war auch nicht beabsichtigt, sondern – wie zu lesen ist – denjenigen, die mit den zu Gesicht gewordenen Botschaften erreicht werden sollen – also uns, den Lesern. Die Abgebildeten sind gezeichnet von Krankheit und Leid, wohl auch nicht immer frei von Sorgen und Kummer, von Angst und Bedrückung. Es sind Bilder, wie sie uns jeden Tag am Bett von Kranken und Sterbenden begegnen. Sie lassen aber auch erkennen, daß die genannten Ausdrucksformen nicht das einzige sind, was aus ihnen zu sprechen vermag: Wir finden auch Zeichen der Hoffnung, der Geborgenheit, des Friedens und der Freiheit – und dies offenbar in wachsendem Maße, je näher der Tod auf diese Menschen zukommt.

Es wird Menschen geben, die dieses Buch am liebsten gar nicht anschauen oder lesen möchten, weil sie meinen, daß man Bilder von Sterbenden – auch mit deren Zustimmung – nicht in der Öffentlichkeit zeigen dürfe und daß mit einer solchen Enttabuisierung niemandem geholfen sei. Doch dagegen gibt es mindestens drei Argumente: Einmal lag das ausdrückliche Einverständnis, ja sogar die Bitte um Veröffentlichung seitens der Betroffenen vor; zum anderen sind es nicht Bilder von Toten, sondern solche von Lebenden, die auch in ihrem Sterben noch lebendig sind; und letztlich sollten wir uns selbst fragen, ob nicht mit solchen Bildern der Menschheit mehr gedient sein kann als mit alltäglichen Bilddemonstrationen von Kriegen, Morden, Verbrechen, Hinrichtungen, Unfällen und anderen menschlichen Katastrophen in unseren Medien: den Zeitungen und dem Fernsehen, den Illustrierten und den Filmen und wo es sonst noch sei.

Dieses Buch zeigt aber nicht nur demonstrierend Bilder von Menschen, die vom Tod gezeichnet sind. Es läßt auch erkennen, daß diejenigen, die sich ihres Lebens noch ungefährdet sicher wähnen, mit diesen Betroffenen zu kommunizieren vermögen. Das muß nicht immer, aber es kann auch auf die gezeigte Art geschehen – ganz so, wie es im einzelnen Falle den Bedürfnissen der Sterbenden und den Fähigkeiten der Helfenden entspricht. In jeder Begegnung handelt es sich aber um Ausdrucksformen zwischenmenschlicher Beziehungen: um etwas Menschliches und nicht etwa um etwas Unmenschliches oder gar dem Menschen Unwürdiges oder Unzumutbares.

Es bleibt wohl jedem Leser unbenommen, das von dem Gezeigten und Geschilderten zu akzeptieren, was er vermag, und so, wie er es braucht. Er muß aber auch daran denken, daß es im Umgang mit Sterbenden nicht in erster Linie um ihn geht, sondern um diejenigen, die ihm in dieser Beziehung voraus sind. Nach *ihren* Bedürfnissen sollte er sich richten, um überhaupt sich in die Lage des Helfens versetzen zu können. Nicht das, was wir glauben tun zu müssen, sollte Maxime unseres Handelns sein, sondern das, was der Sterbende benötigt, um von seinen Ängsten befreit zu werden und um sich Hoffnungen zu erhalten. Das muß in unserer Begegnung mit ihm bestimmend sein.

Wir sehen aber in diesem Buch nicht nur Bilder, die auf uns erschütternd, aber auch befreiend wirken können. Wir lesen auch Texte, die uns das Verständnis des Gezeigten erleichtern wollen. Manches davon ist für viele nicht gleich bei der ersten Konfrontation begreifbar: besonders da, wo die oft eigenartige Sprache der Sterbenden selbst in vielleicht noch ungewohnter Weise – und sei es in Zeichnungen – uns berührt. Es bedarf dann der immer wieder erneuten Lektüre, der Vertiefung und der Auseinandersetzung mit dem Text, bis es möglich wird, die Botschaften derjenigen zu verstehen, die uns in der Unterscheidung dessen, was wichtig geblieben, von dem, was für sie bereits unwichtig geworden ist, voraus sind und uns diese Unterschiede zu lehren vermögen. So werden auch auf diese Weise die Sterbenden unsere Lehrer, wenn wir uns nur bereit finden, uns für ihre Hinweise sensibilisieren zu lassen. Dies ist wichtig, läßt sich daraus doch für uns als Begleiter ablesen, was als Unerledigtes unsere Patienten noch belastet, was sie an Ängsten noch bedroht, was sie an Schuldgefühlen noch quält und an Versäumnissen noch festhält. Wir dürfen uns in unserer Zuwendung zu den Sterbenden nicht etwa von der Vorstellung leiten lassen, daß wir immer und in jedem Falle in der Lage wären, ihnen all diese Sorgen abzunehmen und dadurch zu erledigen. Viel mehr und viel eher erscheint es mir wichtig, daß wir durch unser Zuhören, Verstehenwollen und Solidarisieren den Betroffenen klarmachen, daß wir sie verstehen möchten, ihnen nicht aus dem Wege gehen und sie nicht alleine lassen werden. Dadurch versetzen wir sie in die Lage, ihr Leben nicht einfach aufzugeben, sondern es selbst wieder in die Hand zu nehmen und in eigener Kreativität bis zum Ende so zu gestalten, wie es ihrer eigenen Persönlichkeit und Lebensgeschichte entspricht. Dadurch gehen wir jeder Gefahr der Bevormundung oder gar Entmündigung von vornherein aus dem Wege und vermitteln den Hilfesuchenden eine letzte Chance zur Selbstverwirklichung, in der ihnen Vereinsamung, Mutlosigkeit, Selbstaufgabe und Resignation erspart bleiben.

Der Leser, der in vorurteilsloser Weise dieses Buch gesehen und gelesen hat und es wieder aus der Hand legt, wird sich möglicherweise auch fragen, ob überhaupt, und wenn ja welche, Konsequenzen für ihn und damit letztlich auch für seine Umwelt jetzt und in Zukunft verbunden sein könnten oder sogar sein müßten. Irgendwann einmal wird jeder von uns mit Sterbenden konfrontiert werden, und das können auch einmal uns sehr nahe stehende Menschen sein, die gerade von uns allein Hilfe erwarten. Es geht aber letztlich – heute oder morgen oder sehr viel später einmal – auch um unseren eigenen Tod, auf den wir unweigerlich zugehen. Viele Menschen wünschen sich einen schnellen und möglichst unbewußten Todeseintritt, weil sie ganz einfach ohnmächtig sind gegenüber dem, was mit dem Sterben auf sie zukommt. Der Beschäftigung mit diesem Thema gehen viele am liebsten aus dem Weg, obgleich wir doch wissen sollten, daß menschliches Leben niemals ohne die Bedingung gegeben worden ist und wird, daß es im Tode endet. Es hieße unwahrhaftig zu leben, wollte man sich der Illusion einer irdischen Unsterblichkeit hingeben. Es wird uns zwar das Geheimnis des Todes wohl erst aufgehen, wenn wir unser eigenes Sterben bestanden haben. Doch ist uns von diesem Geheimnis vorher keine unmittelbare Hilfe erfahrbar. Wir bleiben also auf die verwiesen, die uns in den Erfahrungen des Sterbens – und seien es viele Jahre vor dem eigentlichen Tod dieser Menschen – voraus sind. Es ist immer wieder etwas Wunderbares, von ihnen zu hören, was sie empfinden. Wir werden dadurch in die Lage versetzt, ihren letzten Vorstellungen, Wünschen und Verwirklichungen gerecht zu werden. Zugleich lernen wir aber auch daraus für uns, was im Zugehen auf den Tod hin von wesentlicher Bedeutung bleibt und allein noch in der Lage ist, eine letzte Selbstverwirklichung zu vermitteln und diesem dem Abbruch zustrebenden Leben noch einen letzten Sinn abzugewinnen.

Die Lektüre dieses Buches sollte also nicht nur Erfahrungen und Erlebnisse mit Sterbenden vermitteln. Sie sollte auch Möglichkeiten ebnen, den Weg zu Betroffenen in unserer eigenen Umwelt zu gehen und auch die ersten (oder gar schon die letzten?) Schritte zu unserem eigenen Ende zu bahnen. Dazu bedarf es der ehrlichen persönlichen Auseinandersetzung mit dem Tode, und es ist nicht damit getan, wenn wir uns etwa nur oberflächlich von den wiedergegebenen Geschehnissen in diesen Texten ein wenig beeindrucken lassen. Wenn es schon unsere Sorge ist oder wenigstens sein sollte, dem Menschen sein Sterben in Würde zu ermöglichen, dann bedarf diese Absicht auch entsprechender Konsequenzen. Wenn insbesondere junge Menschen durch Lektüre beispielsweise mit Vorbildern in Berührung kommen, deren Ideale zu verwirklichen sich lohnen dürfte, dann darf es beim Lesen oder Hören allein nicht bleiben. Es müssen vielmehr in jedem

Falle und konsequent Wege gesucht werden, um an das vorschwebende Ziel zu gelangen. Es muß nach den Voraussetzungen gefragt werden, die es denkbar und machbar erscheinen lassen, zu gleichen oder ähnlichen Verwirklichungen zu kommen wie die als Vorbilder erlebten Personen. Dabei geht es aber in der hier vorgegebenen Problematik nicht nur um unser eigenes Schicksal, sondern mit gleicher Eindringlichkeit auch um das Geschick derjenigen, die sich in ihrer vom Tod bedrohten Situation uns anvertrauen und von uns Beistand erhoffen.

Vor dieser Frage steht jeder einmal, der sich dazu entschließt, Sterbenden helfen zu wollen. Vor dieser Frage stand auch ich selbst. Wer hatte uns denn aber im Studium oder in der Ausbildung schon etwas darüber gelehrt, in welcher Weise wir diesen Betroffenen überhaupt helfen könnten, und zwar über das Bemühen hinaus, ihnen durch Analgetika oder Sedativa Schmerzen und Bewußtsein zu nehmen, um ihnen den Übergang aus dem erfahrenen und geliebten Leben heraus überhaupt zu ermöglichen und ertragbar zu machen? Aber haben wir uns damit nicht auch ein wenig selbst beruhigt in der Vorstellung, alles getan zu haben, was Menschen möglich und Betroffenen dienlich sein kann? Haben wir uns damit nicht auch da und dort ein wenig das Eingeständnis unserer eigenen Ohnmacht ersparen wollen, wenn wir mit unserem medizinischen »Latein am Ende« waren? – Das soll nicht im Sinne eines Vorwurfs verstanden werden. Es hat aber wohl etwas zu tun mit der Auffassung, daß die Medizin alles zu können hat, alles machbar werden lassen soll, um möglichst jede Grenzerfahrung dem Menschen zu ersparen. Welch eine Illusion! Wir wollen uns hier nicht anschicken, die Aufgaben der Medizin zu umreißen. Es soll aber an dieser Stelle nicht unterlassen werden, darauf zu verweisen, daß es zu den ersten und wichtigsten Funktionen des Arztseins und der Pflege gehört, auch einem Sterbenden zu einer letzten Sinnverwirklichung in seinem Leben zu verhelfen, wenn alle fachliche Kunst erfolglos geworden ist und nur noch ein ganz einfacher menschlicher Dienst vom Betroffenen erwartet wird. Es wäre verfehlt, wenn wir meinten, daß es dafür etwa professioneller Sterbehelfer (etwa gegen Entgelt) oder spezieller Sterbekliniken bedürfe. Wir würden damit dem Sterbenden die Möglichkeit nehmen, sich auch einmal für uns Ärzte oder Pfleger und Schwestern als Sterbebegleiter zu entscheiden. Auch ein Sterben zu Hause sollte man nicht schon deshalb ausschließen, weil dort aus wirtschaftlichen oder gesellschaftlichen oder ähnlichen Gründen vermeintlich nicht gestorben werden kann oder darf.

Von solchen Problemen bewegt, habe ich mir vor Jahren die Frage gestellt: Was ist von dem, was andernorts mit Sterbenden getan wird, in den Bereichen unserer eigenen Zuständigkeit zu verwirklichen möglich? Die ersten und wichtigsten Informationen über das Tun anderer wurden mir aus den Büchern und persönlichen Begegnungen mit Elisabeth Kübler-Ross zugänglich, aber auch aus dem Studium der Arbeitsweisen in den sogenannten Londoner Sterbekliniken. Zahlreiche Studienaufenthalte im Ausland dienten einer soliden Grundorientierung. Es wurde mir aber schon recht bald klar, daß nicht etwa das eine oder das andere Beispiel unbesehen auf unsere Verhältnisse übertragen werden kann. Ermutigt von vielen Seiten, blieb einfach nichts anderes übrig als der Versuch, eigene Wege zu gehen, um den hier bestehenden Gegebenheiten am besten gerecht zu werden.

Dem Wunsche, zu Hause zu sterben, wird man beispielsweise in Amerika heute schon in einem viel höheren Maße gerecht als bei uns – und dies offenbar nicht nur aus pekuniären Gründen, die einen Klinikaufenthalt allein um des Sterbens willen bei einem Pflegesatz von 500 Dollar pro Tag unvertretbar erscheinen lassen. Auch der Bau von Sterbekliniken, in denen 74 bis 93 Prozent der Insassen wohl nur noch sterben werden, erschien mir nicht als der rechte und für unsere Situation geeignete Weg, und dies auch angesichts der Tatsache, daß in unseren Landen bis über 70 Prozent aller Menschen in Kliniken und Krankenhäusern, zugleich bis über 80 Prozent in sogenannten Institutionen (Heimen, Sanatorien usw.) sterben, obgleich bis zu 92 Prozent der von mir Befragten nichts anderes wünschen, als zu Hause sterben zu können. Es drängten sich mir also zwei Schritte auf: einmal nach Wegen zu suchen, die das Sterben in den sogenannten Institutionen verbessern, den Menschen zumutbar und damit human und würdig werden lassen; zum anderen aber auch Möglichkeiten zu erwägen, die es in zunehmendem Maße vermitteln könnten, dem Wunsche nach einem Sterben zu Hause gerecht zu werden.

In allen damit verbundenen Bemühungen – und das bedarf hier der anerkennenden Erwähnung – waren wir aber in den vergangenen Jahren nicht allein und konnten zahlreicher Anregungen und Hilfen, Ermahnungen und Korrekturen sicher sein, die in einer solchen Arbeit unerläßlich sind. In diesem Zusammenhang seien die wertvollen Arbeiten aus der Feder von Paul Sporken (Moraltheologe in Maastricht) über den Umgang mit Kranken und Sterbenden sowie die Grenzen der Medizin erwähnt. Es sei verwiesen auf die wichtigen Veranstaltungen des sogenannten pastoral clinical training durch Josef Meyer-Scheu (für die katholische Seite – in Heidelberg) und durch Hans Christoph Piper (für die evangelische Seite – in Hannover). Es sei erinnert an die richtungsweisenden Arbeiten von Arthur Reiner (Heidelberg) über den Umgang mit Suicidanten und Krebskranken, aber auch an die ärztlich-pflegerischen Bemühungen im Krankenhaus Herdecke unter G. Kienle und K. Schily, in Ulm unter v. Uexküll und K. Köhle, in Köln unter Zielinski und Pichlmeyer, um nur einige wenige zu nennen, die mir persönlich bekannt und schon zu einer wesentlichen Stütze geworden sind. Auch die wertvollen Beiträge, so wie sie etwa durch Rudolf Kautzky (in Hamburg) und Franco Rest (in Dortmund) vermittelt oder geliefert wurden, verdienen Erwähnung, vermochten sie doch letztlich zur unbedingt notwendigen Selbstkontrolle und Selbstbescheidung beizutragen. Auch ist es vornehmlich das Verdienst der im deutschsprachigen Raum tätigen kirchlichen Akademien und Institute (wie etwa in München, Berlin, Stuttgart, Frankfurt, Fulda, Aachen, Ludwigshafen, Goslar, Hamburg, Dortmund, Herrenalb, Nürnberg, Freiburg, Hofgeismar, Trier, Köln, Rothenfels, Wien, Salzburg usw.), Wesentliches zur Sensibilisierung der Öffentlichkeit in den anstehenden Fragen beigetragen zu haben. Nicht unerwähnt bleiben darf in diesem Zusammenhang die Fülle an Literatur, die in den letzten Jahren durch vielseitige Bestrebungen den Büchermarkt mit Informationen und Anregungen versorgt hat – manchmal in einem Maße, daß man sich die Frage stellen mußte, ob hier nicht etwa des Guten zuviel und oft ohne genügende praktische Konsequenz getan wurde. Sei dem, wie ihm sei: Im großen und ganzen hat es wohl nicht gefehlt an Versuchen, zur Enttabuisierung des Todes beizutragen, auch nicht von seiten der Kirchen und zuletzt auch des Staates – aber die Frage sei doch einmal des Nachdenkens wert und erlaubt, ob mit *allem* den Betroffenen je in einem genügenden Maße gedient werden konnte und denen eine Hilfe vermittelt wurde, die sich dieser Arbeit zu stellen bereit waren. Was gut ist, wird sich halten. Was sich bewährt, wird nicht fragwürdig werden. Es bedarf offenbar vielseitiger Bestrebungen und Erfahrungen, aus denen sich ein gültiger Weg dann auch zu stabilisieren vermag. Und zur Findung eines solchen Weges bedarf es schließlich auch und vorwiegend der eigenen Erfahrungen und Bemühungen, von denen – auf Wunsch – jetzt und hier in aller Bescheidenheit die Rede sein soll.

Die Befähigung, Sterbebeistand zu leisten, beruht in erster Linie auf eigenen Erfahrungen mit Sterbenden. Ein rein theoretisches Erlernen kann nicht erfolgreich sein, entbehrt es doch der wichtigsten Lehrmöglichkeit durch das Erlebte. Erlernt wird demnach, Sterbende zu begleiten, dort, wo gestorben wird. Und das geschieht in unseren Kliniken, Heimen und ähnlichen Anstalten, aber auch zu Hause.

Daraus wird verständlich, daß eine theoretische Beschäftigung mit den Fragen der sogenannten Thanatologie in rein akademischer Form nicht zum Ziele führen kann. Das wäre genauso, wie wenn einer über das Wasser etwas aussagen wollte, ohne es selbst einmal geschmeckt zu haben. Hiervon ausgehend, war es mir von allem Anfang an klar, daß ich nur durch eine genügende Eigenerfahrung in der Lage sein könnte, zu einem später gegebenen Zeitpunkt anderen das zu vermitteln, was inzwischen zu einer persönlichen Erkenntnis geführt hatte. Dazu nahm ich mir ganze fünf Jahre Zeit, in denen ich versuchte, eigene Wege des Zugangs zu Sterbenden zu suchen und zu finden. Das stieß begreiflicherweise immer wieder auf Unverständnis und Kopfschütteln, und ich konnte in vielen Reaktionen meiner Umwelt Ähnliches erfahren wie meine Lehrerin in den ersten Jahren ihrer Bemühungen. Die mich am ehesten und am besten verstanden, waren diejenigen, denen ich meine Hilfe anbot und die dieser offenbar bedurften. Ich habe sehr lange versucht, meine Absichten und mein Tun möglichst für mich zu behalten. Es ließ sich dies aber nicht auf Dauer tun. Und nach dem Erhalt genügender Sicherheiten war es dann auch möglich geworden, vielfachen Bitten um Mitteilung und Verbreitung gemachter Erfahrungen nach vielen Seiten hin nachzukommen. Dies geschah einmal in Form zahlreicher Veröffentlichungen in Fachzeitschriften, Tageszeitungen und Wochenblättern, deren Zahl kaum noch übersehen werden kann; aber auch in Interviews mit Magazinen, Kirchenblättern, dem Rundfunk und Fernsehen; schließlich auch noch in der Form von Lehrfilmen, Podiumsdiskussionen, Akademietagungen, Volkshochschulforen usw. Thematisch ging es dabei um Fragen wie: Die Umwelt des Sterbenden, wird Sterben erlitten oder getan? Sterben im Krankenhaus, das therapeutische Team am Kranken- und Sterbebett, die Kirche im Dienst an der Grenze des Lebens, Wahrheit am Krankenbett, Krankheit gleich Wertminderung? Sterben zu Hause? Subjektive Sterbeerlebnisse bei Reanimierten, Euthanasie oder Sterbehilfe?

Schließlich war es erforderlich geworden, dem wachsenden Interesse an dieser Arbeit in der eigenen Klinik und darüber hinaus zu entsprechen und erste Schritte zur Grundlegung und Verbreitung zu überdenken und zu wagen. Aus diesem Grunde wurde eine erste Werkwoche mit Elisabeth Kübler-Ross 1976 in Kirchähr bei Limburg durchgeführt. Diese Arbeit wurde wohl für alle, die daran teilnehmen konnten, zu einer ganz wesentlichen Orientierung ihres persönlichen Verhaltens den Sterbenden und sich selbst gegenüber. Inzwischen sind dieser Seminarwoche eine ganze Reihe von Veranstaltungen gefolgt, die nunmehr den ganzen deutschsprachigen Raum erfassen. So wurde zunächst einmal versucht, in bislang mehr als 500 Referaten Grundlegendes auszusagen über die eigenen Erfahrungen im Umgang mit Sterbenden. Dabei sollten nicht nur erwähnt werden die Verpflichtungen im Rahmen der Katholischen Ärztearbeit Deutschlands in Hamburg 1977 und in Rom 1982, bei den Salzburger Hochschulwochen 1978, die Erprobung eines therapeutischen Teams am Krankenbett ab 1977 und dessen Inaugurierung ab 1981, sondern auch die Einführung von Patientenseminaren, die Durchführung zahlreicher Fortbildungskurse für Schwestern und Pfleger, für leitende und unterrichtende Pflegekräfte, die grundlegende Informierung breiter Bevölkerungsschichten im ganzen deutschen Sprachraum auf allen nur möglichen Ebenen der Bildungsarbeit – ohne daß hier alles im einzelnen aufgezählt werden könnte.

Seit 1977 werden nun regelmäßig Wochenendseminare zur Einführung in die Sterbebegleitung angeboten. Diese werden vorwiegend von Lernschwestern, Schwesternhelferinnen, Pflegekräften, Schwestern von Sozialstationen, Unterrichtsschwestern, Altenpflegerinnen, Sozialarbeiterinnen, aber auch von Ärzten, Studenten, Seelsorgern und von Angehörigen Sterbender und Verstorbener besucht. Inzwischen sind mehr als 60 solcher Seminare veranstaltet worden. Ihr Ziel ist es, über grundlegende Fragen des Sterbebeistandes zu informieren und in die damit verbundenen Aufgaben einzuführen. Dabei geht es vor allem um Fragen wie: eigene Betroffenheit, Sterben – Leben, Euthanasie oder Sterbehilfe, Phasen des Sterbens, Bedürfnisse Sterbender, Kommunikation mit ihnen, Angst und Hoffnung, Wahrheit am Krankenbett, Religiosität in Krankheit und Sterben, letzte Therapie, Freiheit des Kranken, Abschied vom Leben usw. Die Teilnehmer werden danach wieder in ihre eigene Arbeit entlassen, um dort selbst Erfahrungen zu sammeln. Nach 1–3 Jahren wird ihnen dann in einer Werkwoche Gelegenheit geboten, diese Erfahrungen miteinander auszutauschen und zu verarbeiten, den eigenen Standpunkt auszuloten und neue Orientierung zu gewinnen für die weitere Arbeit mit Krisenpatienten und Sterbenden. Bislang sind 7 solcher Werkwochen durchgeführt worden, 2 weitere sind geplant.

Dabei ist erfreulicherweise festzustellen, daß nicht mehr – wie ursprünglich – nur Schwestern aus dem Bereich der Pflege sich für die Fragen der Sterbehilfe interessieren. Mehr und mehr ist alles, was damit verbunden ist, zu einem Anliegen vieler Kreise der ganzen Gesellschaft geworden. Und das ist gut so – denn der rechte Umgang mit Sterbenden ist nicht etwa nur die Aufgabe der einen oder anderen Berufsgruppe, sondern letztendlich Auftrag an uns alle. Denn gestorben wird überall dort, wo gelebt wird. Und wir werden einmal in unserer Humanität auch daran gemessen werden, wie wir in dieser Aufgabe zu bestehen vermochten. Auch die Human-Medizin kann sich nicht mehr erlauben, in ihren Lehrangeboten, in theoretischer Einführung und praktischer Anleitung, aber auch in wissenschaftlicher Erforschung an dieser so wichtigen Thematik vorbeizugehen und sollte bald etwas von dem nachholen, was in vielen anderen Disziplinen schon so selbstverständlich zu einem Lehrauftrag geworden ist.

Mag es doch ein wenig verwundern, daß bereits Lehrinhalte in der Sterbebegleitung erarbeitet worden sind und angeboten werden für Altenpflegeschulen (unter Schmitz-Scherzer) und Sozialakademien, für Krankenpflegeschulen in Vorbereitung sind – die Thanatologie für unsere Fachhochschulen und Universitäten aber immer noch ein vielerorts verzichtbares Thema zu sein scheint, obgleich andererseits das Bedürfnis gerade der jungen Studenten und heranwachsenden Ärztegeneration so spürbar groß ist nach einer zukunftsweisenden und richtunggebenden Führung in diesen ganz ursprünglichen ärztlichen Auftrag hinein: auch dort noch den Erwartungen Leidender gerecht werden zu können, wo mit medizinischer Perfektion allein nichts mehr zu erreichen ist und »nur noch« Mitmenschlichkeit zum Zeugnis beruflicher Pflichterfüllung aller Therapeuten im wahrsten Sinne des Wortes – der Dienenden und Pflegenden also – wird. Gerade hier und jetzt im therapeutischen Team am Krankenbett, in der Betreuung von Krisenpatienten (bei Anus praeter, Haemodialyse, Herzschrittmacher, Carzinombefall, Reanimation usw.), in der Begleitung trauernder Angehöriger, aber auch in der Supervision eigener Mitarbeiter liegt noch ein großes Brachfeld zu erarbeiten, dessen modellartiger Charakter alle damit verbundenen Mühen wert ist.

Wer den Begriff eines Modells recht und unvoreingenommen zu deuten bereit ist, der weiß auch, daß diesem Veränderliches, Wandelbares, Kreatives anhaftet, bevor man von etwas Endgültigem, Dauerhaftem und Stabilisiertem zu sprechen vermag. So hat sich mir inzwischen die ursprünglich auf die eigene Klinik bezogene Arbeit ausgeweitet auf die Betreuung vieler Krankenhäuser und Kliniken in der Sterbearbeit, auf die Arbeit in Alten- und Pflegeheimen, im Verein mit den dort Tätigen, auf die Erforschung und Analysierung von Empfindungen und Bedürfnissen Sterbender, von Erfahrungen und Erlebnissen von Menschen an der Grenze des Lebens, nicht zuletzt aber auch auf die Betreuung Sterbender zu Hause – entsprechend dem Wunsche fast aller Menschen, dort sterben zu dürfen, wo man zu leben gewohnt war. Gerade da hat sich die Zusammenarbeit mit unseren

Sozialstationen, vorwiegend getragen von Caritasverband, Diakonie und Arbeiterwohlfahrt, in einer Weise bewährt, die lange Zeit undenkbar gewesen war. Ist damit doch abgesichert, daß der Patient zu Hause die notwendige pflegerische Versorgung erfährt und in seinen ihn noch bedrückenden Sorgen ein offenes Ohr bei Menschen findet, die bereit und in der Lage sind, auf ihn zu hören und zu reagieren. Schließlich wird damit aber auch möglich, den Familien Sterbender eine Chance zu vermitteln dafür, daß sie einen letzten Dienst zu übernehmen bereit werden, der sie den Tod ihrer Mitmenschen mit einem guten Gewissen, alles nur Mögliche getan zu haben, überleben läßt. Auch in der Trauerarbeit mit den Hinterbliebenen haben sich dadurch neue Möglichkeiten der Bewältigung ihres Abschiednehmens ergeben.

Auch die vielerorts inzwischen tätig gewordenen Besuchsdienste von Freiwilligen oder aus Gemeinden Kommenden bedürfen – nach Überwindung anfänglicher Aversionen – der Einführung und Begleitung. Ihre Hilfe sollte aber dankbar angenommen werden, vermögen sie doch eine ganze Reihe von Aufgaben wahrzunehmen, die nicht unbedingt von den in der Pflege examinierten Kräften erledigt werden müssen. Gerade christliche Gemeinden und andere Gemeinschaften fragen immer wieder nach einer Anleitung und Hilfe, wenn es darum geht, auch in unseren Institutionen Krankenhaus, Altenheim und Pflegeheim ein letztes Mal mitmenschliche Geborgenheit durch die Hilfe solcher Menschen zu verwirklichen, die ein Leben lang zur Umwelt von Sterbenden gehört haben und nun auch auf der letzten Wegstrecke in dieser Welt nicht vermißt werden sollen.

Alle Bestrebungen, einen engen ortsgebundenen Rahmen zu überschreiten, haben sich seit Jahren immer mehr intensiviert. Dies bezieht sich nicht nur auf die Begleitung Sterbender in vielen Krankenhäusern, Kliniken und Heimen, sondern vor allem auch auf die Betreuung im Kreis der Familie. Gerade diese Bemühungen sollten am ehesten dazu verhelfen, Sterbenden ihren sehnlichsten Wunsch nach einem Sterben zu Hause zu ermöglichen und den Angehörigen zu einer guten Verarbeitung ihrer Trauer zu verhelfen. In vielen Alten- und Pflegeheimen sind gute Ansätze für gleichartige Bemühungen zu erkennen und verdienen jede Unterstützung. Wann einmal sich in unseren Krankenhäusern etwas grundlegend und wesentlich ändert, das hängt wohl in erster Linie davon ab, wie deren Aufgabenstellung in der Zukunft gesehen wird und wie sich Menschen finden werden, die bereit sind, gegen viele Widerstände und Anfeindungen mit Mut und Geduld durchzuhalten, um auch dort zu einem Umdenken zu verhelfen und den Prinzipien einer ganzheitlichen Human-Medizin gerecht zu werden.

Wahrscheinlich wird es ein bis zwei Generationen dauern, bis wieder etwas von dem in unserer ganzen Gesellschaft zur Selbstverständlichkeit geworden ist, was es auch vor einigen Jahrzehnten noch war: Sterben nicht vom Leben, Sterbende nicht von den Lebenden zu trennen. Inwieweit dabei Zimmer, Stationen oder Kliniken für Sterbende hilfreich – oder nur für die noch nicht Sterbenden – sind, das muß sehr wohl bedacht werden. Vielleicht ist eine Überwindung unserer gegenwärtigen Situation am ehesten möglich durch Initiativen, die den Absichten des amerikanischen, kanadischen und englischen hospice movement vergleichbar sind – und dies dann möglichst für den ganzen Bereich, in dem die deutsche Sprache gesprochen wird.

Nur so dürfte allen Bewegungen wirkungsvoll zu begegnen sein, die wieder einmal glauben, der aktiven Euthanasie das Wort reden zu sollen. Diesem tödlichen Irrweg muß mit allen Kräften entgegengewirkt werden. Das Leben Sterbender darf nicht zur Verfügung gestellt werden, auch nicht auf Wunsch. Solchem Bemühen will sich die »Gesellschaft für Sterbebeistand – Lebenshilfe« verschreiben, deren Gründung auf internationaler Ebene nach jahrelangen Bemühungen nunmehr bevorsteht. Sie bedarf natürlich vielseitiger menschlicher, aber auch materieller Unterstützung (Stiftungskonto bei der Kreissparkasse Limburg unter der Nr. 11 114). Zu ihren Absichten gehört u. a. die Gründung eines Instituts für Sterbeforschung, die Errichtung einer internationalen Fachbibliothek, die Koordinierung thanatologischer Forschungsarbeit, die Schaffung geeigneter Institutionen zur Ausbildung in Sterbebegleitung, die Unterstützung pastoralmedizinischer Bemühungen (Wien) in dieser Richtung und schließlich die Errichtung einer fachübergreifenden Basis zur Ermöglichung eines interdisziplinären Gesprächs unter Medizinern, Theologen, Soziologen, Psychologen, Pädagogen, Juristen und Philosophen.

All dies wird aber nur dann auf Dauer von Bestand und Erfolg gekrönt sein, wenn es durch solche und vielseitige andere Bemühungen gelingt, zu einer Änderung in der Einstellung unserer Gesellschaft zu den Sterbenden zu gelangen. Und das kann nicht etwa »von oben her bestimmt« werden, man muß es vielmehr von unten her aufbauen, also bei der sogenannten jungen Generation. Eines ihrer positiven Merkmale ist das wachsende ehrliche Interesse an den Grenzfragen des Lebens und den Sinnfragen des Seins. Das führt unmittelbar auch zur Beschäftigung mit den Problemen des Sterbebeistandes und aller damit verbundenen Aufgaben. Ich bin der Meinung, je früher die

Auseinandersetzung mit all diesen Fragen beginnt, um so sicherer und eher wird das Sterben wieder zu einer akzeptablen Selbstverständlichkeit in unserer Gesellschaft werden. Die Ausklammerung und die heute damit oft noch verbundene Tabuisierung muß einer Einbindung in den unmittelbarsten Lebensbereich der Familie weichen, und dies bedarf der Motivation unserer Kinder in den Schulen, wenn es etwa im Laufe einer Generation hier zu einem Gesinnungswandel kommen soll. Ich kann nur sagen, ich arbeite am liebsten mit unseren schulpflichtigen Kindern, eine Erfahrung, die vor mir schon Elisabeth Kübler-Ross gemacht hat und zu bestätigen bereit ist.

Inwieweit die Sterbeerfahrungen Reanimierter für unsere Arbeit mit Sterbenden von Bedeutung sind oder einmal von Wichtigkeit werden könnten, vermag ich selbst im Augenblick noch nicht zu sagen. Frei von aller Spekulation möchte ich aber wenigstens hier soviel bereits festhalten: Angeregt durch die Untersuchungen von Moody, Hampe, Kübler-Ross und anderen habe ich in den letzten zwei Jahren über hundert Reanimierte aus meiner eigenen Klinik interviewt und analysiert, wobei im wesentlichen die Feststellungen der oben genannten Autoren bestätigt werden konnten. Etwa 80 Prozent meiner Patienten hatten ähnliche oder gleichartige Sterbeerfahrungen gemacht, die sich aber von denen der Suicidanten wesentlich unterschieden. Über die Verursachung solcher Erlebnisse besteht weiterhin Unklarheit, mit Träumen haben sie nichts zu tun. Ob es jemals möglich sein wird, Kausalitäten zu definieren, erscheint vorerst noch fraglich. Viel wichtiger dünkt mir aber der Wert, der seitens der Sterbend-Gewesenen diesen Erfahrungen für sich selbst und für andere beigemessen wird: »Wenn Sterben *so* ist, dann habe ich keine Angst mehr davor!« »Erzählen Sie jedem von dieser Mitteilung, dem sie dadurch die Angst vor dem Sterben nehmen können!« »Jetzt habe ich die feste Hoffnung, daß mit dem Tode nicht alles aus sein kann!« – Ein Weiterleben nach dem Tode ist damit meines Erachtens nicht beweisbar. Dann wäre Glaube an die damit verbundene Verheißung sinnlos.

Die Beschäftigung mit dem vorgelegten Buch und der Wunsch des Verlages haben zu einem weiten Ausflug der Gedanken und Erörterungen geführt. Es ist an der Zeit, auf die Veranlassung des Buches und seines Inhaltes zurückzukommen.

Wir haben uns einer Begegnung mit Sterbenden unterzogen, und dies sollte zu den wichtigsten Ereignissen unseres Lebens werden und gehören. Es ist wohl nicht zu erwarten, daß alles hier Geschriebene von jedem akzeptiert werden kann. Wenn es wenigstens zum Anlaß geworden ist für eine persönliche Auseinandersetzung, dann hätte dieses Buch schon seine Schuldigkeit getan. Vielleicht ist es aber für manchen Leser zum Anlaß dafür geworden, seine bisherige Distanz zu Sterbenden aufzugeben und sich ihnen als Helfender anzubieten. Die in der Arbeit mit Sterbenden unerläßliche, aber doch erlernbare Kommunikation ist dabei Voraussetzung dafür, daß es zu einer Erfahrungsteilung kommen kann, die nicht nur dem Betroffenen, sondern auch dem Helfenden zu dienen vermag. Je vertrauter uns dabei die Gedanken an das eigene Sterben werden, um so reicher erscheint uns dann unser eigenes Leben. Sind uns doch die Sterbenden an Weisheit und Lebensreife voraus und vermögen uns darüber zu belehren, was in den letzten Phasen unseres Lebens noch von Wert, Gewicht und Bedeutung ist.

Auch ich habe den Wunsch, daß die mit diesem Buch verbundene Botschaft viele Menschen erreichen wird und bereichern kann. Es soll ein Geschenk sein, und dies ist es auch, vermag es doch uns zu veranlassen, über unsere eigene Endlichkeit und damit auch über den Sinn unseres Lebens und Daseins nachzudenken. Und für wen wäre dies nicht wichtig, um jedem Augenblick in unserer Existenz den rechten Wert beizumessen? Das zu erlernen, dazu vermag uns dieses Buch eine Hilfe zu sein. Wenn wir davon angerührt und betroffen sind, dann ist dies nur gut so. Wer das Gelesene aber ablehnt, sollte nicht versäumen, sich einmal selbst zu fragen, warum gerade er es tut, wo er etwa steht und warum er immer noch in einer solchen Haltung verharrt.

Unsere vornehmste Aufgabe im Dienst den Sterbenden gegenüber ist es, ihnen zu helfen, so lange zu leben, bis sie sterben. Nur dadurch kann verhindert werden, daß sie rascher zu Tode kommen als ihren eigenen verbleibenden Chancen noch entspricht. Um diese noch wahrnehmen zu können, müssen wir sie ermuntern, uns ihre Gedanken mitzuteilen, aus denen wir ihre Bedürfnisse erfahren können. In dieser »Anhörung« beruht die Aussicht, ihnen noch zu einer eigenen Kreativität zu verhelfen, die für ihre letzte Selbstbestätigung unerläßlich ist. Dabei gehen unsere Dienste logischerweise über die Erledigung letzter Grundbedürfnisse hinaus.

Der Lohn für alle unsere Bemühungen ist aber auch für uns spürbar: etwa in der uns gezeigten liebenden Dankbarkeit, der Hochachtung vor unserem Mut und dem Wunsch zur Bewältigung unserer eigenen Ängste und Schuldgefühle über Versäumtes und Unerledigtes in unserem Leben. Dem Sterbenden vermag aber unsere Treue zu ihm zu vermitteln, daß er sich des Erhaltes seiner eigenen Würde sicher sein kann, den berechtigten Stolz auf die im Leben von ihm erreichten Ziele nicht verlieren zu müssen, den Frieden seiner Seele zu bewahren und in der Erinnerung der nach ihm Kommenden bestehen zu können. Nicht umsonst schmücken wir die Gräber auf unseren Friedhöfen – die Höfe des Friedens zu sein vermögen – mit Denkmälern, die aber nicht nur an ein zu Ende gegangenes Leben, sondern auch an all die damit verbundenen Verdienste erinnern sollen.

Im Rahmen dieser Arbeit mit Sterbenden wird immer wieder die Frage gestellt, ob man zu solchem Tun unbedingt einer religiösen Grundlage bedürfe. Ich kann dazu nur sagen, wenn ich nicht von zu Hause aus schon eine religiöse Grundhaltung erfahren hätte, dann wären es spätestens die Sterbenden gewesen, die mir zu einer solchen verholfen hätten. Zu sterben vermochten sie in menschlicher Würde, nicht etwa in der Hoffnung auf irgendeine Illusion, sondern im Glauben an eine Verheißung. Wie diese für den einzelnen aussieht, das sollte der Individualität jedes Menschen überlassen bleiben. Wir haben diese Einstellungen und Anschauungen in aller Toleranz zu respektieren, auch wenn sie einmal an die Erwartung einer Re-Inkarnation gebunden sind. Wir selbst wollten auch nicht in letzter Minute zu einer religiösen Haltung manipuliert werden, die wir vorher ein Leben lang niemals zu akzeptieren in der Lage gewesen wären. Sterbebeistand heißt ja vielmehr, sich in aller Ehrlichkeit miteinander einzulassen, damit der andere sich selbst lassen kann und – wenn es so für ihn das Beste ist – sich in die Hand dessen fallen zu lassen vermag, von dem er ausgegangen ist und nach dem sich seine Seele immer wieder zurückgesehnt hat.

Wenn wir uns anschicken, mit einem Sterbenden an die »Stätten der Erinnerung« zurückzugehen, bereiten wir ihm gleichsam den Weg dazu, sich seiner eigenen Bedeutung für seine Mitmenschen schon zu Lebzeiten sicher zu sein. Wir geben ihm damit aber auch ein sicheres Gefühl, unsere Solidarität mit ihm nicht entbehren zu müssen, wenn er auf sein Ende zugeht. Dadurch läßt sich ja die Angst vor dem Tode abbauen, daß wir *alle* lernen, die Angst vor dem Leben zu verlieren. Nur dann vermögen wir mit den Forderungen zurechtzukommen, die das Leben und unsere Mitmenschen an uns stellen, und harmonisch miteinander zu leben, wenn wir alle unterdrückten Negativitäten abzubauen verstehen. Wir müssen immer darum bemüht sein, schon rechtzeitig vor unserem Sterben mit unseren Versäumnissen, Ängsten und Schuldgefühlen umzugehen und uns ihrer zu entledigen. Dadurch verliert sich allmählich unsere Angst vor den Gefahren des Lebens, und das heißt letztendlich, Frieden zu finden. Nur so üben auch wir selbst eine Haltung ein, zu der uns Rilke aufgefordert hat: jedem Abschied und damit auch unserem eigenen letzten Abschied voran zu sein.

Biographische Notiz

Elisabeth Kübler wurde am 8. Juli 1926 als eine von Drillingsschwestern geboren und wuchs in Meilen bei Zürich auf. Nach dem Besuch der Grundschule absolvierte sie eine Laborantinnenlehre. Gleich nach dem Ende des Zweiten Weltkrieges leistete sie als freiwillige Helferin Friedensdienste in Frankreich, Belgien, Schweden, Polen und Italien. 1951 holte sie das Abitur nach und studierte in Zürich Medizin. 1957 legte sie das Staatsexamen ab und war kurze Zeit Landärztin.

Nach der Heirat mit ihrem Studienkollegen Emanuel Ross, einem Neuropathologen, ging sie in die Vereinigten Staaten von Amerika und begann dort 1958 ihre Fachausbildung in Psychiatrie. 1963 übernahm sie einen Lehrauftrag für Psychiatrie in Denver/Colorado und ab 1965 eine Professur an der Universität von Chicago. 1969 erschien ihr erstes Buch »On Death and Dying« (deutsch: »Interviews mit Sterbenden«), durch das sie weltberühmt wurde. Vortragsreisen und workshops über Tod und Sterben führten sie in fast alle Länder der Welt. Weit über 20 Ehrendoktorate wurden ihr verliehen. Seit 1978 arbeitet sie in dem von ihr gegründeten Forschungs- und Heilungsinstitut »Shanti Nilaya« oberhalb von Escondido in Kalifornien.

Im deutschsprachigen Raum erscheinen ihre Bücher im Kreuz Verlag – die entsprechenden Taschenbücher in »GTB Siebenstern« im Gütersloher Verlagshaus Gerd Mohn – der auch ihre Lebensbeschreibung veröffentlichte: »Elisabeth Kübler-Ross – Wie sie wurde, wer sie ist. Aufgezeichnet von Derek Gill, mit einem Nachwort von Elisabeth Kübler-Ross«. Warum hat sie dem Schriftsteller Derek Gill so ausführlich ihre Entwicklungsgeschichte erzählt? Sie selbst gibt zur Antwort: »Weil meine Arbeit während der letzten Jahre mich nicht nur zu einem größeren Verständnis von Leben und Tod geführt hat, sondern auch zu einer tieferen Erkenntnis der Bedeutung unserer frühen Kindheit … Ich hoffe, daß dieses Buch anderen helfen wird, die Schönheit, Verflochtenheit und Großartigkeit der Fäden zu erkennen, aus denen dieses mein Leben gewoben ist, das hoffentlich andere berührt hat und in dem ich versucht habe, etwas mehr Licht in diese Welt zu bringen.«

Im vorliegenden Buch wird im Zusammenhang des Berichts über das Sterben des Mädchens Jamie die Methode der Deutung von Spontanzeichnungen erwähnt (S. 50–54). Alle Leser, die darüber und über die besondere Sprache und Ausdrucksweise sterbender Menschen mehr erfahren möchten, seien auf das in deutscher Übersetzung im Kreuz Verlag erschienene Buch von Elisabeth Kübler-Ross verwiesen, das den Titel trägt: »Verstehen was Sterbende sagen wollen – Einführung in ihre symbolische Sprache«, das inzwischen auch als Taschenbuch (GTB 952) in der Taschenbuchreihe GTB Siebenstern (Gütersloher Verlagshaus Gerd Mohn) vorliegt.

Dieses Buch wurde, wie die Autorin im Vorwort sagt, »auf dringendes Bitten von Patienten, von Eltern sterbender Kinder und von Lesern meiner früheren Bücher geschrieben. Diese Menschen sind zwar mit meiner Arbeit und meinen Veröffentlichungen vertraut, ersuchten mich aber um noch mehr Hilfe zum Verständnis der verschiedenen »Sprachen«, die todkranke Erwachsene und Kinder gebrauchen, wenn sie ihr inneres Wissen und ihre Wünsche mitteilen wollen. Deshalb stellen wir hier unsere Erfahrungen und Erkenntnisse in geraffter Form dar, ergänzt durch Beiträge von Menschen, die den Umgang mit Sterbenden persönlich erlebt haben. Mögen dadurch diejenigen Trost und Mut schöpfen, die immer noch Angst haben vor einem Geschehen, das im Grunde so natürlich ist wie die Geburt. Geburt wie Tod bedeuten Veränderungen, Neuorientierung, oft Schmerz und Pein, aber auch Freude, engere Bindung und einem neuen Anfang. Wenn wir doch in unserem Inneren wissen, daß unser irdisches Dasein nur eine relativ kurze Zeit umfaßt, warum sollten wir dann nach Vollendung, nach Liebe und Frieden streben, es sei denn, weil wir den Wunsch haben, die Welt um ein weniges besser, ein weniges menschlicher gemacht zu haben, wenn wir sie verlassen, als wir sie bei unserem Eintritt ins Leben vorfanden?«